戦没者合祀と靖国神社

赤澤史朗

吉川弘文館

目次

プロローグ　戦没者と合祀基準

日本の神社では通常、その祭神がどういう由緒・由来の神であるかは、あまり問題とされることはない。祭神名不詳の神社は古くは延喜式内社からあり、神社に詣でる人も、その祭神名を知ってそれを目当てに詣でる場合はむしろ例外に属する。むろん天満宮とその祭神の菅原道真のように広く知られた例はあっても、それも合格祈願というはっきりとした現世利益を求めての参詣が中心を占めているのである。

しかし靖国神社に関しては、こうした理解は成り立たない。靖国神社の祭神の多くが過去の日本の戦争の戦没者であることは広く知られているし、靖国神社に詣でる人には自分に縁のある（親戚、戦友などの）祭神が含まれている場合も多い。その靖国神社への参拝には、現世利益的な目的はあまり含まれず、おもに戦没者の「慰霊」を目的としていることが多い。つまり靖国神社はその祭神を意識して参詣する、まれな神社に属するといえよう。

今日の靖国神社の祭神は、近代日本の国民国家のための犠牲死者とされた者たちである。それはおもに対外戦争の戦没者であり、とりわけ十五年戦争の戦没者である。しかし戦没者の全員が祀《まつ》られているわけではない。この祭神の大部分を占める戦没者がいかなる基準で選ばれたのかについては、これまで十分な研究はなかった。これは祭神が誰かを問題とする靖国神社の特性に即して見れば不思議なことともいえる。ただ第二次世界大戦までは祭神の選定が公式上は天皇の裁可によっていたことから、合祀《ごうし》（新たに祭神を加えること）の基準一般について公に論じることは難しかったのかもしれない。実際に合祀基準についての議論は、密室で展開される場合が多かった。合祀を裁可する天皇は、国民国家を体現する存在であった。合祀基準に関する考え方の違いやその変遷は、究極的には誰が国家的な意義ある犠牲の戦没者として祀られるべきかという、戦争観や国家観に関わっていた。

ただし、戦没者の合祀基準の変遷の研究が進まなかった直接的な理由は、おもに合祀基準に関する資料探索の難しさによっていたといえる。その点で二〇〇七（平成一九）年に刊行された国立国会図書館調査及び立法考査局編『新編靖国神社問題資料集』は、靖国神社の保管する一九三七（昭和一二）年～一九八五（昭和六〇）年の期間の合祀基準を掲載しており、この資料公開の実現は研究史上で画期的なものであった。それは、アジア太平洋戦争末期に作られた「靖国神社合祀資格審査内規案」を戦前期の合祀基準の完成態と位置づけて、その成立過程を明らかにし、しかもこの「内規案」が第二次世界大戦後にも次第に限定的になるとはいえ、実際上の合祀基準として運用されていたことを明らかにしている。その意味でこの資料集は、靖国神社の合祀基準に関する旧軍人や靖国神社内のいわば正統派の考え方をよく示していると思われる。

しかし『新編靖国神社問題資料集』の資料が膨大で、記述も多方面にわたるためか、それを批判的に読み解こうとした研究はなかなか現れてこなかった。これに対し本書は不十分ながらも、この資料集の史料批判を行ない、その意味と問題点を解明しようと試みたものである。読み解くにあたって手懸かりとしたのは、戊辰《ぼしん》戦争から日露戦後までの四〇年以上におよぶ合祀基準の発掘にあった。こうした明治期の合祀基準の変遷をたどるなかで、いわば正統派とは別の合祀に対する考え方が戊辰戦争以来、明確に存在したことに気付かされたからである。

　このいわば合祀基準の伏流ともいえる流れと密接に関連して、本書で一貫して追求した問題に、戦没した民間人や軍属などの合祀問題がある。靖国神社の祭神というと、戦闘員である軍人の戦死者を思い浮かべるのが通例であろうが、近代日本の戦争は数多くの軍人以外の人びとを犠牲にして戦われてきたのであり、このなかには靖国神社に祀られる人もおり、祀られない人もいたのである。例えば軍の下級の雇用者である軍役夫・軍夫といった存在は、一八七四（明治七）年の台湾出兵の「夫卒」から一九四五年の敗戦時の朝鮮人台湾人「軍夫」まで、近代日本の戦争を通じて一貫して存在していた。日露戦争以降も軍役夫《ぐんえきふ》のすべてが輜重《しちょう》輸卒《ゆそつ》に代替されたわけではないのであり、シベリア出兵でも軍役夫が使われている。ただ軍役夫・軍夫の身分的な取扱いは時代とともに変化が見られるが、彼らは低い身分の臨時傭人《ようにん》や傭人であり、多くの戦死者や病死者を出している。日中全面戦争期からは中国系台湾人軍夫が使われるようになり、台湾少数民族の高砂《たかさご》義勇隊《ぎゆうたい》なども身分は軍夫であった。また戦没民間人を、死没の時点で軍属に取り立てる制度もあった。これらの人びとの合祀・不合祀の判定は時期によって異なっていて、軍人以外の戦没者の合祀に対する考え方の違いをあぶり出すものであったと思う。

また、この靖国神社への合祀基準と複雑な関係に立つのは、東京招魂社《しようこんしや》の創建より後に作られた制度である、戦没者の遺族への公務扶助料（恩給）や特別賜金などの支給・賜与基準である。靖国神社への合祀が遺族に精神的栄誉を与える行為とすれば、恩給は軍人・官吏への国家補償であるとされ、一時金である特別賜金は恩賞の一種と位置づけられていた。この恩給や特別賜金の支給は、国家が戦没者の死についてその生前の身分と戦地、戦時の死か、さらにその死没区分をポイントに、一定の評価を行なっているという点では合祀の判定と共通性があった。第二次世界大戦期までは、それらの基準の間には、相互にずれながら影響を与える関係があった。

これに対して、弔慰《ちようい》金や年金の受給資格である公務死裁定が正式に靖国神社への合祀資格となるのは、第二次世界大戦後のことであった。しかしそこでは何が公務死と認定さるべきかをめぐって考え方の違いがあり、異なる公務死観に基づく合祀が行なわれることになった。筆者にとって、公務死についての異なる考え方の手懸かりとなったのは、旧満洲や沖縄での戦闘参加者の認定問題である。

以上のように、本書は根本的には戦争観・国家観の違いにまで帰着する、戦没者の合祀基準の対立と変遷を描いたものである。

『新編靖国神社問題資料集』の刊行以降、靖国神社への合祀に関する最初のまとまった研究に、秦郁彦『靖国神社の祭神たち』がある(1)。そこでは東京裁判のA級戦犯刑死者・獄死者の合祀がどのように決定されたのかの解明に力を注ぎながら、戦没者・幕末維新国事殉難者を含む合祀者全体に関するさまざまな資料を発掘し、代表的と思われる合祀・不合祀の事例を検討し、合祀の問題点を描いた点に大きな意味があると思う。しかし同書では一九三七年以前の戦没者の合祀基準に関しては、漠然と推測するに止まっているし、第二次世界大戦後の戦没者の合祀基準についても、やや単純化しすぎている傾向があると思う。

こうした研究の状況下で、近年、アジア歴史資料センターが国立公文書館など国立三館所蔵の戦前期資料を網羅して公開し、それによってキーワードでの横断検索が可能となり、さらに沖縄県公文書館、京都府立総合資料館、それに国立公文書館でも戦後の援護関係資料を公開するなど、靖国神社の合祀基準に関する資料にアクセスする新たな条件が生み出されてきている。本書もこのような新しい資料公開に基づいて、研究を進めることができたものである。(2)

なお本書では、歴史的史料の引用に際し、読みやすさを考慮して適宜読点を入れ、漢字カタカナ表記を漢字ひらがな表記に変えた。

I　近代日本における戦没者の合祀

明治初年からアジア太平洋戦争の終了まで

はじめに

二つの太政官布告

維新前後の新政府による合祀に関する決定は、一八六八（明治元）年五月一〇日付の二つの太政《だじょう》官《かん》布告で示される。(1) 第一の布告は、ペリー来航の一八五三（嘉永六）年以来、天下に先んじて国政問題に関わって死んだ「諸子及《および》草莽《そうもう》有志の輩《やから》」、つまり安政の大獄で死罪となった吉田松陰のような勤王の「国家に有大勲労者《だいくんこうあるもの》」を、明治天皇が「争《いかで》か湮滅《いんめつ》に忍ぶべけんやと被歎思食《なげきおぼしめされ》」（どうして埋もれて跡形もなくなることを我慢できようかと歎かれ）て、京都「東山の佳域に祠宇《しう》（ほこら）を設け右等の霊魂を合祀」するという方針を示したものである。第二の布告は、戊辰《ぼしん》戦争で奮戦した官軍側の戦没者に対して天皇が「千辛万苦邦家《ほうか》之為に終に殞命《いんめい》候段深く不便《ふびん》に被思召《おぼしめされ》」（たいへんな苦労をして日本の国ために命を落としたことをかわいそうに思われ）て、京都の「東山に於《おい》て新に一社（一つの神社）を御《ご》建立《こんりゅう》、永く其霊魂を祭祀」するというものであった。そして後者の戦没者を祀《まつ》る「一社」には、「向后《こうご》王事に身を殲《めつ》し候輩《やから》も速に合祀」すると、今後の官軍側の戦没者も急いで「合祀」することが約束されていた。(2)『新編靖国神社問題資料集』の編者である春山明哲は、前者を「殉難者布告」とし後者を「戦死者布告」と名づけ、「明治天皇の意思により『忠魂』を祭祀するという主旨は同じであるが、合祀の対象・基準・範囲といった観点から見ると『殉難者《じゅんなん》』と『戦死者』とはいわば『カテゴリー』を異にする」と述べている。(3) しかしこの二つの布告を比べると「合祀の対象」は異なるが、その「基準・範囲」については、当初は類似のものであったのであり、それが分岐したのは、それぞれのその後の展開によっていたというべきであろう。

後者の戦没者の神社は、東京遷都にともない東京九段の東京招魂社として設立されるが、一八七五（明治八）年に前者の幕末維新の国事殉難者もそこに祀られることが決定され、一八七九年、靖国神社と改称された。靖国神社に合祀された戦没者は、戊辰戦争に始まってその後佐賀の乱、台湾出兵、西南戦争などの官軍側の身分の戦死者であった。そしてやがては対外膨張の戦没者が続々と合祀され、これが祭神の大部分となる。靖国神社は、近代日本の軍神の神社のいわば総本山と考えられるようになっていくのである。

これに対し前者の幕末維新期の国事殉難者の研究をした吉原康和によれば、「殉難者布告」では「『殉難者』を『皇運の挽回』、つまり『大義名分を明らかにして、皇室の勢力回復のために尽力した志の高い者』」と規定しており、この「皇運の挽回」は明治政府の正統性の根拠と結びついていたという。しかしこの国事殉難者の選考が長引くなかで、結果として明治維新の敗者たちにも恩賞を与え、それとの和解をはかるものに変質してしまったというのが吉原の結論であった。(4)

しかしもともと同日に出された二つの太政官布告の、戊辰戦争の戦没者と幕末維新の国事殉難者には共通性があった。いずれも「国家の大事」（国家の非常事態）に際して天皇と国家のために献身し、無惨・不本意な死を迎えた者たちを国民国家を体現者である天皇が憐《あわ》れんで祀るというのが、その趣旨である。むろん彼らの死を同志の死として涙したのは、天皇より新政府の指導者たちだったに違いなく、太政官布告にはその思いが込められている。合祀には単なる栄誉を与えるという意味だけではなく、不幸な死者の存在を忘れないという点にその特徴があった。

東郷元帥の合祀問題

この単なる軍神の顕彰のための神社でないという点は、ずっと後の時代になるが、元帥東郷平八郎《げんすいとうごうへいはちろう》の合祀問題で顕在化する。一九三四（昭和九）年五月三〇日に東郷平八郎元帥が死去すると、東郷を神格化する東郷神社創建の企てが全国的に巻き起こる。そうしたなかでこれとは別に、翌一九三五年になって東郷平八郎を靖国神社に合祀するという運動も生じてくる。衆議院に合祀の請願をしたのは、大日本殊勲会という団体の中村又一ほか一名であり、陸海軍のバランスを考慮したのか、陸軍の大山巌《いわお》もそれに加え、さらに日清戦争以来の戦功のある「全殊勲者」を靖国神社に合祀してほしいという請願であった。

しかしこの請願に対する、靖国神社の合祀審査を担当している陸軍大臣官房の意見は、「同意し難し」というものであった。その理由は、靖国神社は「戦死又は戦役勤務等に起因し死亡したる者」を明治天皇が「愍《あわれ》ませ給う」て合祀した場所で、東郷、大山両元帥の合祀は靖国神社創建の趣旨に背くというのである。東郷、大山は、ともに戦争に参加して勲功を立てた者には違いないが、「万死に生を得、凱歌《がいか》郷閭《きょうりょ》に旋《めぐ》り、軍人最高の賞典に浴して、天寿を全うしたるもの」（多くの者が死ぬところで生き延び、凱歌が故郷の村の門に響き渡り、軍人最高の褒美を与えられて、自然の寿命で死んだ者）であって、「敵弾に死し又は戦役勤務に起因して中道に斃《たお》れたる者に」比べると「武人望外の幸運者」にほかならない。戦没者でないこれら両元帥を合祀することは、「靖国神社の本質を変更するもの」だというのであった(5)。

この陸軍大臣官房の意見には、「武人望外の幸運者」という皮肉な言葉に、請願者が東郷をひたすら賛美する姿勢への批判が見られる。そこには靖国神社が単なる国家的顕彰施設ではなく、戦時に不幸・無名のまま中途で死んだ者を、その名が忘れ去られぬように祀った「慰霊」施設だという観点があるる。これからすると靖国神社の位置づけに関しては、顕彰を主軸に見るか、戦時の非業の死者の「慰霊」に力点を置くか、二つのやや異なる見方があったともいえる。

第1章　東京招魂社から靖国神社へ

1　戊辰戦争から台湾出兵へ

東京招魂社の成立とさまざまな祭神

前述のように一八六八（明治元）年五月一〇日の第二の布告に合わせて、戊辰戦争の新政府軍側の戦没者を祀る「一社」として、一八六九年六月に東京九段《くだん》に建立されたのが東京招魂《しょうこん》社である。靖国神社宮司である賀茂百樹《かもももき》の編纂になる『靖国神社誌』では、この戊辰戦争の祭神の身分に関しては、「維新前後殉難者職名別」の表の中で分類・整理されており、戊辰戦争の死者は第一の布告である国事殉難者と同様の範疇《はんちゅう》で理解されていたことがわかる。(1) そして合祀基準も、両者に共通するものがあった。

まず戊辰戦争の戦没者から、その合祀基準を考えてみたい。靖国神社への戦没者の合祀判定は、一般的には死者の生前の身分とその死に方の区分によっていたが、戊辰戦争の祭神には多様な身分の者が認められている。そもそも「明治二年六月第一回合祀」によって合祀された戊辰戦争の祭神の「職名」には、武士の身分に属さない者が多い。例えば「夫卒」「雇夫卒」「軍夫」「兵夫」「歩行」「軽卒」「夫」「雇夫」「附夫」「持夫」「雑夫」など、その内実が区別し難いものもある。また戦没者の「職名」には、幕藩体制下での身分、たとえば「農」「百姓」「僧侶」「修験《しゅげん》」「神職」「甲冑《かっちゅう》師」「大工」「鍛冶」などを示すものもある。また官軍の戦闘参加者、協力者としての役割を反映したものであろうか、「農兵」「農夫卒」「町兵」「斥候」「探索方」「旗持」などというのもある。このような多様な「職名」の記載について、編者である靖国神社宮司の賀茂百樹は、この表の末尾の備考に「軍夫と云《い》い、兵夫と云い、神職と云い、神官と云い、其職名甚《はなはだ》煩多《はんた》なり。然《しか》れども、祭神帳のままを記して、今、容易に改めず」と述べている。これはこれで一定の見識に基づくものであった。

他方でこの表では、戦没者が「軍監」「小隊長」など新政府軍の特定身分に属したことを示す場合があっても、「従者」「雑人」など新政府軍との雇用関係があったかどうか曖昧な者も多い。しかもその「職名」すら「未詳」の者が、合祀者合計三五八八人中で過半の一九二八人を占めていたのである[2]。このことはその実態はどうあれ、いずれの身分の死者も明治維新を支えた「王事に身を殲《めつ》し候輩《やから》」、つまりは「志士」としての死と認め、いわば身分を越えた「国民」的な支持の上に維新政権が成立したことを明らかにしようとする立場に立つものであろう。新しい国民国家の権威である天皇の名による合祀が、「志士」の一人として認めることで、身分的桎梏《しっこく》からの解放感と結びついている面があったのである。実際に戊辰戦争の記録を見ると、西軍（官軍）の道案内をして二本松城門前で戦死した地元の軍夫棚橋吉五郎の場合は、「戦前の功によって官軍の待遇」を受けて東京招魂社に合祀され、のちに白河県庁から遺族に金一五〇両が下賜されている。

ただし戦場となった白河地域では家を焼かれたことも多く、東西両軍とも軍夫として強制的に徴発し、村々へ人足割当てを行なっており、戦没者のなかにはその種の非自発的な死者も混じっていたと思われるが、彼らは合祀されない場合もあっただろう(3)。

また、祭神となった死者の死に方に関しても、後の時期のように一定の病理的な死亡区分に従って合祀すべき戦没者を限定するという明確な方針があったようにも見えない。この点に関する後の時点での公式の報告としては、「靖国神社特別合祀者の件に付御内旨伺の件」（明治三〇年一二月、軍務局・経理局・医務局・人事課）と題する文書の中で、「甲号　戊辰の役より函館の役に至るまで靖国神社へ合祀の者左の如し」として記されている。それによるとその祭神の種類には、「戦死者」「負傷し病院に於《お》いて死せし者」など八種があり、さらに「戦死者に非《あら》ざるも別紙乙号各項に該当」するものとして七種が挙げられている。ただしこの合計一五種の中には同種類の例も多く、ここでは死に方に関する合祀基準が類型化されているとは言い難い。むしろここでは個別具体事例の集積が、合祀基準と考えられているようである。

なおその中には、「負傷し帰国の後死せし者」という負傷して郷里へ帰国後の在郷死者、「同役間病死の者」「征討役後病死せし者」という戦時下での病死者や帰郷後の在郷病死者が含まれている。また「函館の賊松前城を攻め城内に於て割腹せしもの」「奥羽擾《じょうらん》乱の際勤王の大義を唱へ衆賊に制圧せられ屠腹《とふく》せし者」などの、その状況や立場から余儀ない切腹であると認められた自殺者もあり、「奥羽戦争の帰路殺戮《さつりく》せられし者」などの帰国途上の殺戮死者、「溺死」などの事故死者（不慮死者）、「戊辰の役生死不明の者」など生死不明者も含まれていた。(4) 特にそこに帰郷後の在郷傷病死者・立場上やむなく自殺した者・帰国途上死者・生死不明者が含まれている点は、注目すべきところであろう。ちなみにこの報告書は、日清戦後の特別合祀の参考資料として作成されたものであり、特別合祀の先例を求めて調査されたものであった。

なお白河口の戦いでは、官軍に「東軍の間者なりと見誤られて殺された」地元の農民を、後に「これを慰藉せんために」墓碑を建てて「官軍待遇をなし」、東京招魂社に合祀した例もあった。(5) とすると官軍の責任で誤殺された犠牲者も「志士」の資格で合祀されていたことになり、東京招魂社への身分・死に方を越えた合祀は、広い国民の支持の下に新国家が樹立されたことを示すものだという理解には、一部にフィクションが含まれているともいえよう。

しかしともかく東京招魂社の発足にあたっての戦没者の合祀基準は、「邦家之為《ほうか》に」落命し、「王事に身を殲《めつ》し候輩」という勅命に殉じた戦没者というだけで、その戦役の厳密な期間や戦地と非戦地の区別、新政府軍における生前の身分や軍との雇用関係がはっきりしているとは限らなかった。またその死に方は多様で、戦死・傷病死などの死に方を詳しく限定するものではなかったことは推測できる。またこの合祀は、軍務官達として行なわれている。(6) 軍務官は兵部省に改組される以前の新政府軍の機構であるので、のちの陸軍省に当たるといえよう。

新政府軍と合祀基準の転換

この合祀基準が一転して厳しくなるのは、戊辰戦争に続く二度目の、はるかに小規模の国内戦争である佐賀の乱（一八七四〈明治七〉年）の戦没者の合祀の時からである。『靖国神社誌』の祭神の身分の分類表では、佐賀の乱で合祀された祭神の身分は、「合祀者官職別」と題する明治国家成立以降の戦没者の表の中に掲載されており、戊辰戦争の戦没者とは異なる別の分類表である点に戊辰戦争との断絶が示されている。それによれば佐賀の乱で合祀された祭神の身分は軍人軍属など軍人中心でそれに少数の「県官等」を加えたものとなり、合計二〇九柱の大部分が正式に新政府に仕える者たちである。合祀は太政官達によって行なわれ、そこには「軍」人と「官」員を祀る神社としての性格が顕わである。ただごく少数だが、戦死した「従者」「傭人夫」「傭夫」など計一〇名も合祀されている(7)。合祀された戦没者の死の態様は戦場で死んだ「戦死者」に限られ、戦傷に起因して帰郷してから死んだ者はいなかったらしく、病死者は含まれていない(8)。

この「佐賀之役陣歿《ぼつ》者」の合祀に関し陸軍省では、戊辰戦争とは「差等《さとう》は有之《これあり》候得共《そうらえども》、王事に死するは同一の事に候」と理解して合祀すると述べている(9)。つまり戊辰戦争とは規模が違うが、戦争の根本的性格は同一という説明である。そこには合祀対象者の生前の身分や死に方を、戊辰戦争の戦没者から急に狭くしたという、明確な決断や自覚があったようにも見えない。

なおこれに続く台湾出兵時（一八七四年）には、マラリアなど台湾地域に特有の伝染病によって、軍人と軍役夫に合計五〇〇名以上の病死者を出したが、一八七五年二月二二日に東京招魂社に合祀された者は、戦死者と「誤て銃死」の者と「進撃の際の溺死」者を加えたすべて軍人身分の一二名だけであった。「誤て銃死」とは銃の暴発であろうか。ここでは病死者が合祀対象から除かれているのである。これは台湾出兵の責任者である西郷従道《つぐみち》元都督からの陸海軍省への申し出に基づいて、正院へ上申のうえ、関係参議と大臣に認められたものである。(10)

このように合祀に際して「王事に死するは同一」という名目は継続されながら、合祀対象者を基本的には軍人中心とし、戦死者と「溺死」などの一部事故死者に限定するという合祀基準と合祀の実態が、なし崩し的に大きく変わった理由はどこにあるのであろうか。これは戊辰戦争の合祀基準・事例が、明文化されて継承されなかったからであろう。それとともに戊辰戦争の時の「官軍」が、諸藩・草莽などの雑多な軍隊を含み、その限りではいわば諸身分に開かれた軍隊としての側面があったのに対し、もはや佐賀の乱の時には新政府軍としての新たな階級制が成立し、早くも非軍人身分と戦死以外の死没区分に対する差別意識が生じてきたことによるものではないだろうか。しかも一八七二年以降、東京招魂社は陸海軍省の管理の神社となっていた。これらの事実が、軍人戦死者中心の合祀と、病没将兵・病没軍役夫の合祀対象からの除外をもたらしたと思われる。

こうしたなかで、東京招魂社への合祀とは別に軍人恩給制度が発生し、これが独自の観点で戦没者の死の評価を行なうシステムとなる。軍人恩給制度は近代国民軍の形成にともなって一八七五年にプロシア法・フランス法などを参照して作られた、戦死者の遺族や戦傷者などに年金・一時金を出す制度だった。最初の軍人恩給法は、佐賀の乱、台湾出兵時の戦傷者、戦没者遺族に緊急的に対応するために一八七五年四月に出された「陸軍武官傷病扶助料及び死亡の者祭粢《さいし》並に其家族扶助概則」（以下、陸軍武官扶助概則と略称）である。

ここにはまだ一定の年限を勤め上げた文武官がもらう年功恩給の考え方はなく、傷痍《しょうい》軍人と戦没者の遺族への公務災害手当てを支給しようとするものであった。戦没者について言えば、軍人軍属の身分の者で、戦闘・公務による死亡者（それを原因として一年以内に死亡した者を含む）の遺族にのみ、年金である扶助料と一時金として祭粢料を給することになっていた。戦死以外の公務死は、事故・災害死者と「戦争中行方知れざる者死亡するに疑ひなき時」に限られており、病死者は含まれていなかった。遺族への扶助料の年額は、軍人内でも終身官である大将の場合の四七〇円から、一時的に徴兵・召集された兵の二〇円まで、二〇倍以上の階級差があった。この遺族への扶助料を支給する範囲は、戦傷に起因の一年以内の死者や行方不明者を含む点で、東京招魂社への合祀基準より広かった。

ただしこれとは別に、海外遠征の軍人軍属で「病に罹《かか》り死に至るの類《たぐい》は、戦死にあらずと雖《いえど》も臨時の詮議を以て祭粢料を給す」と定められていた。祭粢料は大将の一〇〇〇円に対して、兵の場合は三〇円である。(11) つまりここでは病死は公務死と認められずに、「海外」での病死者にのみ「臨時の詮議」で一時金支給が認められたにすぎない。これは台湾出兵時の大量の伝染病死者の存在を考えた条文であろう。

台湾出兵と病没軍人・病没軍役夫

しかし台湾出兵という初の本格的対外遠征で、マラリアなどの風土病による予想もしない数の病没軍人や病没軍役夫を出したことは、政府側に大きな衝撃を与えたらしく、このまま何も措置しないではその遺族や国民が納得しないと感じたようである。少数の戦死者の遺体とともに、台湾や帰国途上の船上で病没した大量の軍人・軍役夫の遺体の多くは、出港した地の長崎に送られ、梅ヶ崎招魂社のある墓所に埋められた。この墓所に埋葬された軍人軍属の出身地は、東北から九州まで全国にわたっていた。病没した軍役夫の死骸のなかには、輸送の途中で腐乱して「臭気甚し」いものもあったが、遺族には「貧困」や「薄身究迫」のため、「祭事」がままならない者もいたという[12]。

こうしたなかで、西郷従道元台湾蕃地事務都督からの旧蕃地《ばんち》事務局長宛の申し入れと正院《せいいん》（太政官の最高決定機関）への上申に基づいて、一八七五（明治八）年三月二二日、台湾出兵の病死者の遺骸が埋葬された長崎の梅ヶ崎の墓所を招魂《しょうこん》場として、勅祭として一大招魂祭を行なうこととなる。西郷の「上申書」では、この「病死の者」も「遠征の為め海外に露営致《ろえいいたし》、王事に斃《たお》れ候者、実に憫然《びんぜん》（気の毒）に不堪《たえず》」ということが招魂祭を行なう理由として述べられていた。その招魂祭は西郷元都督が祭主となり、東京から勅使二名を派遣し、陸軍は熊本鎮台から歩兵一中隊を出張させ碇泊《ていはく》軍艦からは二小隊が参列し、死者の親戚遺族等にも参列を許し、五三〇〇円という費用を大蔵省から支出させるという大規模なものであった。勅使派遣に関わった式部寮が、「病没」した者の「霊魂を被慰《なぐさめられ》」る祭式に賛同したのは、今後「兵役」に就く者に対してはもちろん、「天下人民の意向」に影響を与えると考えたからであった[13]。

なおこの時、梅ヶ崎招魂場で祭事が行なわれて合祀された者は総計五三一名、「祭祀者名簿」によればそこには戦死軍人九名が含まれ、この九名に関しては東京招魂社に合祀された一二名と重なっている。病死軍人でここに合祀された者は一八三名、病死軍役夫に当たると思われる工兵部夫卒・会計部夫卒・会計部裁縫職・会計部賄《まかない》夫・病院部夫卒・大倉組雇夫卒などは三一五名を数え、病死した職工・夫卒三五一名の大部分を占めていた(14)。この合祀者の名簿に「夫卒」と記された者は、下級軍人である「兵卒」とは異なる軍役夫であったと思われるが、その病死率が高かったことが推定される(15)。なお長崎県出身の病没軍役夫遺族の「口上書」にも、「梅ヶ崎招魂所へ《ママ》合祀被仰付《おおせつけられ》」たとの記載が数多く見られ、軍役夫までが梅ヶ崎招魂場には合祀されたことが裏付けられる。後にその遺骨は西南戦争の戦没者を埋葬した佐古《さこ》の墓所に移され、西南戦争の戦没者と台湾出兵の病死者を含めて再度の勅祭が行なわれて、その霊魂は佐古招魂社に合祀されることとなる(16)。

以上の事実は、単に東京招魂社に合祀されなかった者が、地方の招魂社には合祀された場合があったということを意味するものではない。この招魂祭は政府主催の勅祭として実施されており、祭神には多数の病没軍役夫が含まれている点で、他に例を見ないものであったのである。梅ヶ崎に建てられた墓碑には、その記述に誤りがあったことがわかると、その調査と墓碑銘を彫り直すのに東京から人を派遣もしている(17)。ともあれここでは、生前の身分階級とその死に方を問わない犠牲者の合祀が実施されたのであった。なお大分県出身の台湾出兵病没軍人については、大分県当局の県下招魂場への合祀を求める伺いに基づいて、内務省が一応太政官に「上申」して四月三〇日にも合祀が行なわれてい

る。(18)

ところが台湾病没者への政府の対応は、これだけでは終わらなかった。一八七六（明治九）年二月、内務卿大久保利通からの伺いに基づき、台湾出兵時に伝染病に感染し「帰県療養数月を経るの後病死」した軍人軍属にも、祭粢料《さいしりょう》支給が図られることになる。内務卿がこの問題に介入できたのは、旧蕃地事務局が内務省の管轄下にあったためである。この大久保の伺いの文面では、死没に「先後」はあっても「国事に死亡」したことに変わりはないので祭粢料を支給するとあり、海外遠征で「風土病に感染死」したのは、戦死と同様の「共に国事に斃るるもの」という認識に基づくものであった。(19)

ただし陸軍武官扶助概則に基づく祭粢料の受給資格者は軍人軍属身分などの者に限られていた。「一時傭役《ようえき》」の軍役夫はその範囲外にあった。なお病没軍役夫には大倉喜八郎の大倉組に雇われ、死亡後に遺族は大倉組より「埋葬料手当金」として五円だけを受け取っていた者もあったとのことである。(20)

この問題に関し陸軍省は当初、これら軍役夫は蕃地事務都督府が雇った者で「軍人軍属中に斑列《はんれつ》致す可き者に無之《これなく》」とその軍人軍属との身分の違いを挙げて、「扶助等の取扱に不相及《あいおよばず》」と祭粢料の支給に否定的だった。軍役夫は臨時雇いで政府軍の一員ではなく、下等の人間と扱われたのである。しかしこれに対し内務省では、「一時に雇役たりと雖も、海外に従軍、孤島に病歿を遂ぐる如き、身戦死に非《あらざ》るも同じく国事に斃《たお》るるものにして、其情に於て最《もっとも》憫諒《びんりょう》（憐れんで思いやる）すべきあり」と、たとえ臨時雇いであっても、海外の「孤島」で「病歿」するという不幸に遭うのも「国事に斃るるもの」だからだとの理解を示して争い、両省間の長いやり取りの末、一八七六年九月になってその遺族へ陸軍武官扶助概則によらずに祭粢料三〇円が支給されることとなった。ただし「夫卒」には「原籍姓名」不詳の者が多く、支給されたのはそれが確認できた一五三名に限られていた(21)。

以上のように、台湾出兵で生じた多数の病死兵卒と病死軍役夫を前にして、政府では特例的な措置を講ずることになる。長崎の梅ヶ崎招魂場では、身分や死に方の違いを越えて勅祭の招魂祭を実施し、帰郷後に死亡した病没軍人の遺族へ祭粢料を支払うだけでなく、差別されていた病没軍役夫の遺族にも特別に祭粢料を支給したのだった。この台湾出兵の戦没者に関して大久保利通や内務省の中には、「異邦」の絶海の「孤島」に斃れた国事殉難者という認識があったのであり、戊辰戦争時の国事殉難者を祀《まつ》る論理が、海外遠征という特別の事情を踏まえて、ここに生きていたともいえる。ともあれここでは合祀の論理は、軍人と軍役夫への一時金支給の説明の論理ともなっているのである。またこの大量の病死者という事態に、その後の日本が直面する対外戦争のはらむ問題も示唆されていたともいえよう。

2　軍人恩給制度の整備と西南戦争

西南戦争と戦病死の成立

その後軍人恩給法制は整備されて、一八七六（明治九）年一〇月には陸軍恩給令が太政官《だじょうかん》布告《ふこく》で制定される。これは勤続年数と生前の階級を重視する職業軍人中心の制度であった。日本がおもに学んだプロシアでは[1]、公務に従事する者の中には、文武官、職員、労働者の三種の身分の違いがあった。このうちいわばキャリア職員である文武官のみは「国家のために全身全霊を捧げて職務に打ち込む忠誠義務」を有するが、この「忠誠義務」への「報償」・補償として、一定の年限を勤め上げた文武官には退職後に無拠出・全額国庫負担の年金である、恩給《おんきゅう》が給付される。[2]ただし一定の勤務年限に達していなくとも、公務傷病で死没した者の遺族には寡婦扶助《かふふじょ》料（未亡人への年金）が支払われることが定められていた。

　その陸軍恩給令の第一三条「寡婦扶助料」では、

　第一　戦地若《も》しくは公務に於《お》いて殺害を受けたる軍人の寡婦

　第二　内地若くは日本外の軍中に於て或《あるい》は戦争の事故に由り或は伝染疫癘《えきれい》（伝染病）に罹り其他服役の義務を奉ずる為に死歿したる軍人の寡婦

　第三　戦地に於てすると公務に於てするとを論ぜず其傷痍に源因して終《つい》に死に至る軍人の寡婦

に対し、その「生涯」にわたって扶助料を支給するとある。

　ここでは死に方に関しては、「戦地」だけでなく非戦地の「公務」における「殺害」と「傷痍に源因して終に死に至る」場合にも、支給が認められている。そしてさらに内地・海外の「軍中」にある場合は、「戦争の事故」「伝染疫癘《えきれい》」（伝染病）、そして「服役の義務」を遂げるために「死歿」した軍人も適用対象となっている。

この陸軍恩給令では、戦病死の概念が明確に成立している。それは「軍中」にある将兵には、内地外地を問わず伝染病の蔓延する特別の危険性のある戦地に派遣される可能性があるので、その病死を公務死の戦病死と認め、非公務死である平病死とは異なる戦死に準じる扱いをすることを意味したのである。その戦病死の認定には、伝染病の流行地と罹病の事実に関する「陸軍官憲」の証明などが必要だった。扶助料は遺族の提出する「願書」に基づき、「当該軍人本属の鎮台」がこれを調べたうえで、さらに陸軍卿を通して「正院」で決定するという厳格な手続きを経て裁定されるものだった(3)。

西南戦争の戦没者遺族に適用されたのは、この陸軍恩給令と前述の陸軍武官扶助概則であった。ただし戦病死に関していえば、この西南戦争の時には、コレラは「戦地のみならず各地方に流行」しており、それが戦病死と認定ができるか否かは微妙な問題だった。しかし会計監督田中光顕《たなかみつあき》は陸軍卿代理西郷従道に対し、病没軍人は「数月間の激戦の疲労も甚《はなはだしく》敷」、さらに「戦地」では「自から身体の清潔に無之処《これなきところ》」からコレラに感染し死没したとの理由を付けて、これを戦病死と認める伺いをし、西郷従道陸軍卿代理もこれを了承している(4)。

この戦病死の概念が成立したのは、軍人に対してだけではなかった。西南戦争で戦死・病死した兵員の中には、軍人恩給令や陸軍武官扶助概則の適用を受けられなかった者もあった。そこで陸軍卿の西郷従道からは一八八〇(明治一三)年二月に、扶助料の権利がない「戦死並陣中死亡の軍人軍属其遺族」にも「弔慰《ちょうい》料として金若干を下賜」してほしい、との上申が出される。西南戦争では、常備兵はもちろん後備兵をことごとく動員しても兵員は不足し、臨時壮兵を募集して警視局巡査を前線に送るなどしていた。さらに後任の陸軍卿大山巌《おおやまいわお》からは同年六月に、西南戦争を軍人と同じ戦列で戦った警視庁の「警視」は「軍人と異なること無き」状況なので、その遺族には弔慰金のみならず年金の扶助料も軍人と「平等」に支給すべきだとする伺いを、右大臣宛に提出する。

これらの上申や伺いに対し、軍事部主管参議は同年一〇月一四日に、「特別の御詮議を以て弔慰料下賜」を行なうことを決めているが、年金の扶助料を平等に警視にも与える後者の案では、「数十万円の増額を要」して「財政上の一難事」となることは明らかだとして否決している。この決定によって、戦死だけでなく病死した軍人と警視庁の警視・巡査には、その階級によって異なる一時金が支払われることになる。軍人の佐官に支給される弔慰金の額は一五〇円、尉官の場合は一二〇円、その下の階級である試補の支払われる額は一〇〇円であり、これに対し警視局員の遺族に支給される弔慰金の額は、八等官より一一等官までが一六〇円、一一等官より一七等官までが一二〇円、巡査ならびに等外吏は一〇〇円であった(5)。

これに対し軍役夫の場合は、負傷して死亡した者の遺族には一八七七年三月に制定された戦地雇役人夫死傷手当仮規則に従って、弔祭料など合計六〇円が支払われることになっている(6)。しかしその雇用自体が「百人長の相対雇《あいたいやとい》(当事者同士の雇用契約)にて」、しかも当該百人長の「人名も不相判《あいわからず》」という場合もあるなど、政府軍が必ずしも軍役夫名簿を把握していないこともあった。こうした場合は政府軍の軍役夫であったことや死亡状況を確認のうえ、一時金が下げ渡されることがあるが、遺族がその手続きを知らずに申請が遅れる場合もあり、また申請にあたっても「遺族の者貧困にして活路無之《これなく》」とか、生計困難であって憐れむべき事情にあることが強調されている。(7) つまりすべての戦死・病死の軍役夫の遺族に支払われたとは限らなかったようである。

戦病死者の合祀問題

他方で西南戦争時には、東京招魂社《しょうこんしゃ》への戦病死者の合祀について、海軍省軍務局長から戦病死した「戦死に非《あら》ざる者」を東京「招魂社へ合祀の儀」について陸軍省へ問い合わせる動きが生まれていた。(8) 海軍の水兵からも病死者が出ていたからである。この件での陸軍省内の省議決定が遅延するなかで、海軍内ではさらに東海鎮守《ちんじゅ》府司令長官の伊東祐麿《すけまろ》からも海軍卿川村純義《すみよし》宛に対し要請がなされた。伊東は、「病死」者も戦死者に準じて合祀対象とすべきかの問題は「兵員一般」の受け止め方にも関連するとして、陸軍省の早期決定を促し、もし「病死者」も陸軍省で合祀することになれば海軍省でも「同様」に合祀したいと述べている。(9) かつて台湾出兵時の病没者の合祀に関し、社会的な影響を考慮して行なったように、ここでも合祀に対する兵士たちの評判を気にしているわけである。

こうした戦病死者の東京招魂社への合祀を求める声に対し、一八七八（明治一一）年六月に陸軍省は「別紙」の伺いを太政官に上申し、戦闘中の事故死者に限って「戦死同様之取扱」をして「招魂社へ合祀」する方針が、新たに決定されるのである。陸軍省の「別紙」の内容は以下の通り。

一　敵の俘虜《ふりょ》となり殺害を受けて死し、或は敵の俘虜となり又は敵の線囲《せんい》中に入り其死地を審《つまびらか》にせずと雖《いえど》も死亡に決したるもの。

一　敵の障碍物《しょうがい》に触れて死し、戦闘中山河を跋渉《ばっしょう》（歩き回る）し之が為に溺死転死するもの。
一　戦闘中他人誤発の銃丸に触れ、或は弾薬破裂の為めに死し、或は放火の為め死亡したるもの。
一　戦闘に因《よ》り傷痍を受け、恩給を賜《たま》わらざる前之に原因して死亡の者、或は戦闘中疲労危難よりして終に一ヶ年内に死亡したるもの。
一　戦闘中の事故に因り死亡し前各款《かん》に等しきもの(10)。

以上の追加合祀基準は、その多くが「戦闘中の事故」と見られる個別事例を列挙したもので、この時点でも個別事例の集積が合祀基準と考えられていたようである。捕虜は殺害されるものと考えられており、「戦闘中他人誤発の銃丸に触れ」とは、間違って同士討ちをしたことを意味するものであろうか。そして第四款《かん》の前半の「戦闘に因り傷痍を受け、恩給を賜わらざる前之に原因して死亡の者」という条項は、徴兵軍人や警視庁巡査が戦地から郷里へ復員後に、戦場での受傷が理由で死んだ者（いわゆる在郷死者）が、戦死に準じて合祀対象となる根拠規定として使われるようになる(11)。こうした合祀範囲の拡大は、西南戦争が戊辰戦争以来の最大の内乱であったことと無関係ではあるまい。

ただしここでは、伝染病の病死者ははっきり合祀から除かれていた。しかしすべての病死者が合祀から排除されているわけではなく、第四款の後半に「戦闘中疲労危難よりして終に一ヶ年内に死亡したる者」という、戦争との因果関係が伝染病感染死よりもいっそう証明しにくいような病死者の合祀は認められているのである。ともあれここでは、陸軍恩給令中にある「伝染疫癘《えきれい》」による「死歿」者は、病死者の合祀を望む意見が海軍の一部にあったにもかかわらず、意識的に除外されていた。ただし長崎の佐古《さこ》招魂社では、西南戦争時に病死した士官・下士官・兵卒などの合祀は行なわれていた[12]。さらに今井昭彦の研究によれば、西南戦争で病没した北海道の屯田兵のためには札幌に招魂碑が建設され、合祀されている[13]。

ともあれここでは、その遺族がコレラ感染などの戦病死で恩給や弔慰金の支払いを受けながら、東京招魂社への合祀はされない軍人が多数出現したのである。この国家による戦没者の評価のずれが、やがて合祀基準の変動をもたらすことになる。なお東京招魂社は一八七九（明治一二）年六月四日靖国神社と改称され、別格官幣社《べつかくかんぺいしゃ》となった。

『靖国神社誌』によれば、この時の警察官の死者のうち戦死者・戦傷死者の八六〇名が靖国神社に合祀されている。このように軍人身分でない戦死警察官の合祀がすんなり行なわれたのは、一八七九年六月から一八八八年三月までの期間、靖国神社の管轄権が陸海軍両省に属するだけでなく、警察官の属する内務省も共同管轄していたことと関係があろう[14]。戦死巡査の合祀に関しては、内務卿伊藤博文が合祀の伺いを出し太政大臣がこれを認めている。

なお太政大臣によって合祀が認められた死没警察官の中には、内務卿伊藤博文の「上申」の文面では「負傷」に起因する在郷死者とされているが、太政官書記官の理解によると「負傷後病死」した者も含まれていた。警部補多門信治の場合がそれである。その「死亡診断書」によれば、「西南の役に於て足部負傷せし以来全身貧血漸く衰弱し尋《つい》で肺結核症を発起し」て、負傷から一年九ヶ月後に死亡したというものである[15]。足の「負傷」による「衰弱」が原因で「肺結核症」を引き起こしたという強引な説明であり、負傷から死亡までの期間も長く、平病死を疑われる事例であったことは間違いない。しかし「準戦死」という取り扱いを受けて、靖国神社に合祀されたのである。[16] 内務卿伊藤博文の権威で押し切ったものであろうか。合祀決定のルールが確立していなかったことを示すもののように見える。

なお軍役夫では戦死の場合だけ、二二三名が靖国神社に合祀されている。このほかにも区区長二名、区戸長三名、区副戸長二名、教導職試補一名などの戦死者が合祀されており、軍の傭人や民間人の戦闘協力者などが少数ながら合祀されていた。[17] しかしその合祀者に関し、国との雇用関係についての明確な基準があったかどうかは不明である。

民間人の合祀問題—壬午軍乱と甲申事変

なお民間人の合祀をめぐっては、一八八二（明治一五）年の壬午《じんご》軍乱と一八八四年の甲申《こうしん》事変で異なる決定が行なわれている。一八八二年の壬午軍乱の時には、軍人である工兵中尉一名の死没者に続いて、外務卿井上馨《かおる》の上申で巡査五名の死没者の靖国神社への合祀が「特別の御詮議を以て」認められる。[18] 巡査五名は官吏として軍属扱いされたのであろう。これに続いて、やはり外務卿井上馨は、同事件で公使館に「駆付《かけつ》けたる途中」で殺されたり公使館で「防禦」しようとして死亡した「私費語学生」二名を「一身を捨て危難に当り国家の為に捨命致したる者」として合祀を上申するのである。[19]「私費語学生」とは、おそらく外務省公使館と気脈を通じた者たちであったのだろう。

しかしこの問題では、太政官第二局が陸軍省に「協議」を持ちかけ、[20]第二局の意見を付けて参議八名の「回議に供」せられることになった。太政官「第二局」の意見は、「其身語学生にして官に奉仕せるものに非ず、若《も》し此輩《このやから》をも合祀相成候節《あいなりそうろうせつ》は、終《つい》に一般人民をも然《し》かせざるを得ざる様相成《あいなり》、涯《がい》際無之《さいこれなき》に至り可申《もうすべく》且類例も無之」（その身分は一介の語学生で官に仕えた者ではない、もしこのような者まで合祀する時は、ついには一般人民をも合祀せざるを得なくなり、切りがなく同様の先例もない）というもので、参議の「回議」の結果、三条太政大臣によってその合祀は認められないこととなった。[21]太政官では靖国神社の祭神は厳格に「官に奉仕」する者に限るべきで、「一般人民」を祀るところではないとの考えに立っていたのである。太政官達として決定された佐賀の乱以降の戦没者の合祀範囲を狭隘《きょうあい》化する動きの背後には、「官」の神社としての靖国神社の位置づけがあったのである。これに対して井上馨の上申は、おそらくは外務省公使館の関係者なのであろうが、民間人の「国家の為に捨命致したる者」を合祀しようとする考え方に立っていたといえよう。

ところが一八八四年の事件に際しては、軍人らと並んで死亡した私費語学生徒二名の合祀の上申が認められているのである。合祀の上申は陸軍卿伯爵大山巌によるものなので、この時点では合祀の上申は陸軍卿が担当するという慣例が成立していたことが推測される。ただし語学生徒二名の合祀は、他の参議からの強い働きかけによるものであったのだろうか、大山陸軍卿としてはきわめて不本意な上申だったようである。というのは大山の上申書には追記があり、そこでは「是迄種々の名義を以《もって》一時の雇役に係る者の如きも、合祀するの例有之候得共《これありそうらえども》、猶熟考するに甚妥当ならざる様被存候間《ぞんぜられそうろうかん》、自今合祀不相成方可然《あいならざるかたしかるべく》、既に此度も二・三名有之候《これありそうら》へ共、取省き申候」（これまでもいろんな名目で一時雇用者も合祀する例があったが、よく考えてみればそれは妥当ではないと思われるので、今後合祀しないことにするとともに、今回も二、三名一時雇用の者があるので、合祀者から取り除こう）と、明らかに自らの本文上での上申の内容を否定して、今後二名の私費語学生徒の合祀を取り消す意向が示されていたからである。

　この上申に対して、太政官第二局では、陸軍省の追記に賛同して、「一時雇役とは官吏の性質を帯びざるもの即《すなわち》諸職工或は小使《こづかい》等のものを指したる旨」を意味しており、その拡大解釈には反対で、陸軍省のいうように「自今合祀不相致《あいいたさず》」（今後合祀はしない）という趣旨で、陸軍省の合祀の上申を認める意見を具申している。私費語学生を含むこの陸軍省の合祀案は、参議八名の回議に付されたうえで太政大臣がこれを認め、私費語学生二名は合祀される。しかしその後もこの二名が、祭神から「取省」かれることはなかったのである。[22]

　陸軍省の追記や太政官第二局の考え方は、もともとまったく「官」に仕えたことのない者すなわち民間人を、「種々の名義を以《もって》一時の雇役に係る者」として合祀することに反対する見解であった。この「官」の神社という認識は、この当時の靖国神社が陸海軍省とともに内務省の共同管轄下にあったことに関連するのかも知れない。ただし甲申事変の合祀では、上申は形式的には陸軍卿に委ねられていたようであるが、合祀さるべき身分に関しても死に方に関しても解釈の余地があり、実際には参議の間の力関係で合祀の可否が左右されていたらしい。

またこの壬午軍乱や甲申事件に際して、日本政府は朝鮮政府から日本人戦死者などの遺族に支払う「体恤金《たいじゅつ》」「救恤金《きゅうじゅつ》」などを獲得する。壬午軍乱の際に政府は獲得した「体恤金」五万円の多くを、犠牲者に分配しなければならないと考えたようで、戦死して靖国神社に合祀された唯一の軍人である工兵中尉の遺族には「銀貨壱萬円」という破格の金額が、巡査の遺族には一人当たり二〇〇〇円が賜与された。しかしその残金は、「千代田城修補」や「武器購入」の費用に充当されたのである。[23]

第２章　日清戦争から日露戦後へ

1　日清戦争と特別合祀の開始

戦没者の遺族への援護政策

朝鮮での二回の事変以降、日清戦争まで戦死者は出ていない。その日清戦争の戦没者の合祀に関しては、従来からの合祀対象者である戦闘・戦傷死者などの合祀が一段落した後、新たに一八九八（明治三一）年一一月より始まった特別合祀がこれまでの研究で注目されてきた。その特別合祀とは、「明治二十七八年戦役（日清戦争）中戦地に於て疾病若《も》しくは災害に罹《かか》り又は出征事務に関し死歿《しぼつ》したる」者を、新たに「乙号」として「特旨を以て戦死者同様に合祀」することを意味していた。(1) 従来の合祀者が基本的には戦死者・戦傷死者・事故死者のみであったのに対し、この時これまで除外されていた伝染病死者や戦争関連死者の合祀が、はじめて認められたのである。ちなみに日清戦争の戦没者は軍役夫を含め約二万人といわれるが、軍に認められた軍人軍属雇員らの正規の戦没者一万三四八八人のうち、病死者は一万一八九四人を数え圧倒的であった。(2)

しかし特別合祀に先だってまず実施されたのは、遺族への恩給、一時金下賜などの「賑恤《しんじゅつ》」（憐れみ施すこと）であった。これらは早く実行しなければ効果が薄れると政府は考えたのである。軍人の戦没者遺族向けには、すでに一八九〇年に法律第四五号として軍人恩給法が制定されており、日清戦争の軍人死没者にはこれが適用された。この法によると、死没軍人の遺族に寡婦《かふ》扶助料という恩給（年金）が支給される条件は、公務傷病死裁定が受けられることにあり、次の四類型の場合がそれに当たる。その第一は「戦地」での戦闘死の場合、第二は「戦時平時」を問わないで「公務のため傷痍を受け」たことによる死没、第三は「戦地」での「流行病」感染死の場合である。そして第四は「戦時平時」を問わないで、「公務の為め健康に有害なる感動を受たるを顧《かえり》みること能わずして勤務に従事し」「死歿したるとき」であった。これは、いわゆる不健康業務に従事することを余儀なくされたための「公務」病死（典型的には、伝染病患者の看護にあたる看護卒の感染死など）である。

これと従来の靖国神社への合祀基準を比べると、合祀されるのは戦死、戦傷死、不慮災害死（以上、いずれも戦地）と、流行病感染を含まない、しかも適用範囲が明確でないごく一部の病死の場合だけである。軍人恩給の公務傷病死裁定のほうがはるかに範囲が広く、靖国神社の合祀基準と恩給支給基準との落差は、軍人恩給法の成立によって以前より大きくなっていたといえよう。

軍人恩給法では、死没軍人が一定の年限を勤め上げていない場合は、公務傷病死裁定がなされた時にのみ、寡婦《かふ》扶助料を遺族が受給できることとなっていた。その場合に遺族に支給されるのは、生きて年限を勤め上げた本人がもらう普通恩給の最低額の全額である。年限を勤め上げた恩給権者が平病死した場合の寡婦扶助料は、本人が受給できる額の半額だったので、「戦闘及公務の為め死歿したる者」が相対的に優遇されているといえる。ただし「戦闘及公務の為め死殁したる者の寡婦孤児扶助料」は、陸軍卒で年額三〇円であり、その当時非常に低かった巡査の年俸九八円の三分の一以下である。恩給年額は、准尉一〇〇円とそれ以下の下士官五〇円との間に大きな格差があり、(3)尉官クラス以上の遺族でなければ生活が保障される額ではなかった。(4)

とはいえこの軍人恩給法から、恩給の受給資格者が国家に請求する権利が認められるようになる。公務扶助料の受給基準は明示され、逆に受給権が発生してから「三個年内に請求せざれば」、受給資格者は請求資格を失うとされていた。それは恩給を受ける人が請求して内閣恩給局が審査・裁定する仕組みであり、すでに内閣制度発足後には、陸軍は遺族による請求に必要な公務死の証明を発行するとはいえ、恩給の裁定自体は陸軍の手を離れていたのである。(5)

これに対して、雇員、傭人《ようにん》など軍に雇用された非軍人の公務死没者遺族に、一時金である「手当金を給」する仕組みを決めたのが、一八九四（明治二七）年九月に発せられた勅令第一六四号である。扶助対象としてもともと想定されていたのは、軍艦乗組員、官用船舶船員や鉄道従事者などの軍用輸送関係者であった。また「手当金」の内容は遺族への「扶助料」と「吊祭料《ちょう》」であり、その額は戦没者の生前の「身分」によって甲《こう》額から戊《ぼ》額までの五段階に分かれている。その公務死認定がされるのは、戦地における公務傷病死とともに、非戦地における出征事務に関連した公務傷死である。(6)

つまり軍人遺族の扶助に関しては軍人恩給法が適用され、非軍人の遺族の扶助には勅令第一六四号が適用された。そして日清戦争が勝利に終わった後には、これら公務傷病死認定を受けた軍人や非軍人の遺族に対しては、その後さらに陸軍省恩賞課の管轄にある特別賜金の給付が決まる。(7) 特別賜金の金額は、生前の身分階級によって決まり、大将で三〇〇〇円、陸軍兵卒で一五〇円、軍役夫など臨時傭人で一二〇円であった。(8) つまりこの時期には恩給の寡婦扶助料（公務扶助料）も、勅令一六四号の手当金も、そして死没者への特別賜金の賜与も、支給の条件は公務傷病死にあり、支給金額には軍人と非軍人の身分差や軍隊内での階級格差はあっても、戦地での死と非戦地での死、そして戦死とその他の公務傷病死との間では格差は設けられていなかった。戦地・戦死中心の価値観に貫かれていない恩給と一時金の支払いに、後の時期とは異なる日清戦争期の特徴がある。

また戦争の勝利後には、生還して「功労ある者」に対しても、一時賜金を軍事公債の形で「賜与」することになる。(9) ただし生還功労者への一時賜金は、支給の手続きがずさんだったのか、のちに二重に支給されていた事例が数多く発覚し、本人から「返納」させるという事態が多発する。しかし「返納」を請求されても、輜重輸卒《しちょうゆそつ》、馬丁などの身分の者の中には、わずか三〇円ほどのこの一時賜金を返却することができず、年賦で返済する誓約書を出す事例も生じている。(10)

平病死遺族の不満

ところが公務死の遺族への重ねての給付・特典に対し、まったく何の給付も受けられなかった、従軍しながら平病死と認定された軍人や軍属などの遺族から、強い不満の声が上がる。平病死とはその病死の原因が、戦争という公務によるものではないと認定された死であり、しばしば脳溢血《のういっけつ》、肺結核、腎臓病などによる死が、その本人が入営前から有していた個人的な疾患に基づくものとして平病死扱いを受けていた。しかし息子を国家によって徴兵に取られて死んだという感を抱く遺族からは、国家に対する補償を求める機運が生じたのである。

この要請は、福島県の遺族からの貴衆両院への請願という形で表面化する。請願文は「平病」死と認定された軍人軍属雇員それに軍夫などは、上記の給付を受けられた者と「情に於て敢て異ることなく皆等しく従軍死亡者の遺族」なのに、その死後の処遇に天地の格差があり「憫然《びんぜん》の情に堪えざるものあり」、そこでこれら平病死没者の遺族への「特別法規を設け相当の扶助料及び一時賜金給与の恩典を実施せられんことを」望むというものだった。貴族院では、「我国民の義気」を「振起」させるためにはこうした「恩典」が不可欠だとして、この請願を議決し、内閣総理大臣伊藤博文宛に一八九六（明治二九）年二月四日その旨の意見書を送ることになる。[11] これ以外にも徳島県知事から陸軍次官宛に、何の扶助も受けられない戦没者の遺族の中には「貧困薄資」で「飢餓日に迫るの惨状に陥るもの」もあり、「相当賜金」の給付を求めて「嘆願書」を出す者もあり、当局としても対応してもらいたいとの要請が寄せられている。[12] こうした意見は全国的だったのであろう。

こういった要請に対し、陸海軍で協議して閣議決定した「請議案」は、今回の「戦役」での平病死の者は、「平時内地」での病死者とは「大に状情の異なる」ものであるので、「従軍中若《も》しくは往復途上又は病気還送後病死者の遺族に限り」特別賜金を支給するというものだった。日清戦争の特別性を考慮して、一時金である特別賜金で対応しようというものである。その取扱い規程案では、「自己の不摂生若くは不注意に起因し死歿せし者を除く」とある。[13] その特別賜金の支給額は、内地死没者は戦地死没者の半額であり、他の特別賜金とは扱いの違う例外となっている。[14]

陸海軍大臣が一致して請議したこの案は、一八九六年四月八日内閣批第四号として閣議決定されるが、なぜかこの閣議決定は翌一八九七年一月まで放置され、[15] 特別賜金の支給は遅れることとなった。しかしこれによって戦争に関連して死没したすべての人に広く一時金を支給することが、日清戦争の時には特例的に行なわれたのであった。こうした国民の不満への対応が、靖国神社への合祀範囲の拡大の前提となったのである。そしてこの時から、国家が戦没者の遺族に何らかの名目で金銭支給を行なった者の中から、靖国神社に合祀される戦没者が選ばれるという方式が、はじまることになる。

特別合祀の基準

日清戦争の戦死者・戦傷死者の合祀は、一八九五～九六（明治二八～二九）年の二回にわたって行なわれた。その後、靖国神社への特別合祀の方針は陸軍省で原案が策定され、海軍省の意見を聞いて決定される。海軍省にその協議案が提起されたのが、日清戦争関連の平病死者にも一時金が支給されることが決まった一八九七年六月のことである。[16] 特別合祀は日清戦争従事死没者への経済的手当がすべて確定した後に、いわば恩賞の総仕上げとして企画されたものと思われる。特別合祀の案は一部字句修正のうえ同年一二月に決定され、翌一八九八年二月七日には、天皇の「御聴許《ちょうきょ》」を得て確定する。合祀範囲を一挙にこれまでの数倍の規模に拡張した理由は、日清戦争が日本の歴史上「古今未曾有《ここんみぞう》の大事件」で、展開した地域も広大にわたって戦場の状況も多種多様となり、「寒熱瘴《しょう》毒を侵し（寒帯・熱帯の風土病を払いのけ）戦闘に守備に従事し、為めに疾病に罹り又は災害に由り死亡し、其他戦地にあらざるも出征事務に関し公務若くは災害の為めに死亡したるもの尠《すくな》からず」と、「戦死者」ではない戦没者が広範に生じたが、それらは戦死者同様「孰《いず》れも一身を犠牲に供し国難に斃《たお》れたるもの」であったことに求められる。つまりこれまでにない新たな合祀を行なう説明として、「戦死者」以外の膨大な犠牲者を出した「古今未曾有」の戦争という位置付けがあったのである。(17)

そして一八九八年二月九日には、今回の合祀基準の大綱に基づいて合祀者の個別の審査にあたる「靖国神社特別合祀者調査委員会」が発足する。この委員会は陸軍少将大蔵平三が委員長となり、陸軍省の大尉から少佐クラスの医官、歩兵、工兵、砲兵、憲兵、監督等の委員一〇名からなるものであり、この調査委員会の報告は陸軍省副官宛に提出されている。戦前期に過去の合祀基準を調査・点検してそれを系統化する委員会を設立したのは、確認できる限りでは、最初の対外大戦争であった日清戦後の特別合祀の時と、最後の大戦争となった日中全面戦争開始後の一九三八（昭和一三）年から敗戦までの時期の二回だけである。

この靖国神社特別合祀者調査委員会では、まず甲号の決議として過去の靖国神社の合祀基準を簡単にまとめ、特に戊辰戦争の合祀者のさまざまな死没の事例を列挙している。

次に乙号「靖国神社へ特別合祀すべき死者の種類」では、「戦時」で「戦地」の死没者であることが必要条件とされる。まず「戦時」は一八九四（明治二七）年七月二五日〜一八九五年一一月一七日の間（「内地」の「戦時」は、一八九五年五月一二日までと半年ほど短くなっている）と指定されている。そして末尾の「備考」の中で「戦地」を限定し、「戦地」は「戦時」における「朝鮮国清国台湾島及澎湖島」とし、「内地港湾出発より帰着の往復途中に在る者」も「戦地」と「同一の取扱」とするとしている。また特別合祀者は、「戦役に従事したる陸海軍々人軍属にして左の事項に因り死歿したる者」でかつ「従軍記章を受くべき資格ある者に限る」として、以下の四基準を提示する。

一、戦地に於て公務若《もし》くは災害の為めに死歿せし者（第一項の中心は「戦地」での公務災害死・事故災害死で、「凍死」「溺死」「焼死」などの一三例が事例として示されるが、「土匪《どひ》暴徒」や「強盗」による殺害、「誤殺」、「汽車顛覆《てんぷく》」、敵の作為による「中毒症」なども含まれている）

二、戦地に於て伝染病若くは流行病に罹《かか》り、又は公務の為め傷痍《しょうい》を受け若くは疾病に罹り、戦地若くは帰朝後終《つい》に死歿せし者（第二項は「戦地」での戦病死・公務傷病死をさし、帰国後の死者については「一旦全治せしも帰朝後三ヶ年を経過し再発の為め死亡する者は、合祀の限《かぎり》にあらず」との限定が付いている）

三、戦地に於て死因不明の者、若くは生死不明、若くは公務に起因せる自殺、又は平病の為め死歿せし者（第三項は「戦地」でのさまざまな死者を含んでおり、ただし「愛憐病（梅毒）並《ならび》に自ら作為せし傷痍疾病にして、其情状合祀を忌むべき者を除くの外は、概《おおむ》ね合祀人員に加うる筈《はず》なり」との限定がある）

四、戦地に非ざるも出征事務に関し、公務若くは災害の為め死歿し、又は身上有害なる感動を受くるを顧みること能《あた》わずして勤務に従事し、為めに疾病に罹り若くは傷痍を受け、終に死歿せし者（第四項は非「戦地」での出征関連の公務死で、内地での出征列車の「汽車顚覆《てんぷく》」、「衛生部員の伝染病患者に直接し病毒に感染」死などの例が挙げられる(18)）

以上の特別合祀の枠組みを見てまず気付くことは、上記四項のうち第一項から第三項までは「戦地」における「死歿」者である点である。「戦地」での死者は広く特別合祀の対象とされており、「凍死」「焼死」「強盗」による殺害などの事故災害死、伝染病感染死（帰朝後三年以内の再発死亡者を含む）、死因不明・生死不明・公務起因の自殺、そして公務に起因しない平病死者も合祀されることになっている。つまりここでは、遺族が軍人恩給である寡婦扶助料を受けられない可能性のある「戦地」の平病死者・死因不明・生死不明・公務自殺者も、靖国神社に合祀されることになったのである。ただし「戦地」でも、梅毒や自傷行為などの死者は合祀されないことになっている。

なお特別合祀基準の先頭に事故災害死が挙げられているのは、特別合祀が西南戦争時の追加合祀基準の延長線上に構想されたことを示している。この事故災害の中には、「土匪《どひ》暴徒」による殺害といった現地人のゲリラ的な抵抗を原因とするものが含まれており、それが対外戦争の一部とは認識されていなかったことを示している。

さらに非「戦地」でも、出征事務関連の災害・公務死や、伝染病の治療・看護者などの不健康業務死が、軍人と非軍人の枠を越えて合祀対象とされている。その不健康業務死については、第四項で「身上有害なる感動を受くるを顧みること能わずして勤務に従事し」「死歿」と規定されているが、こ

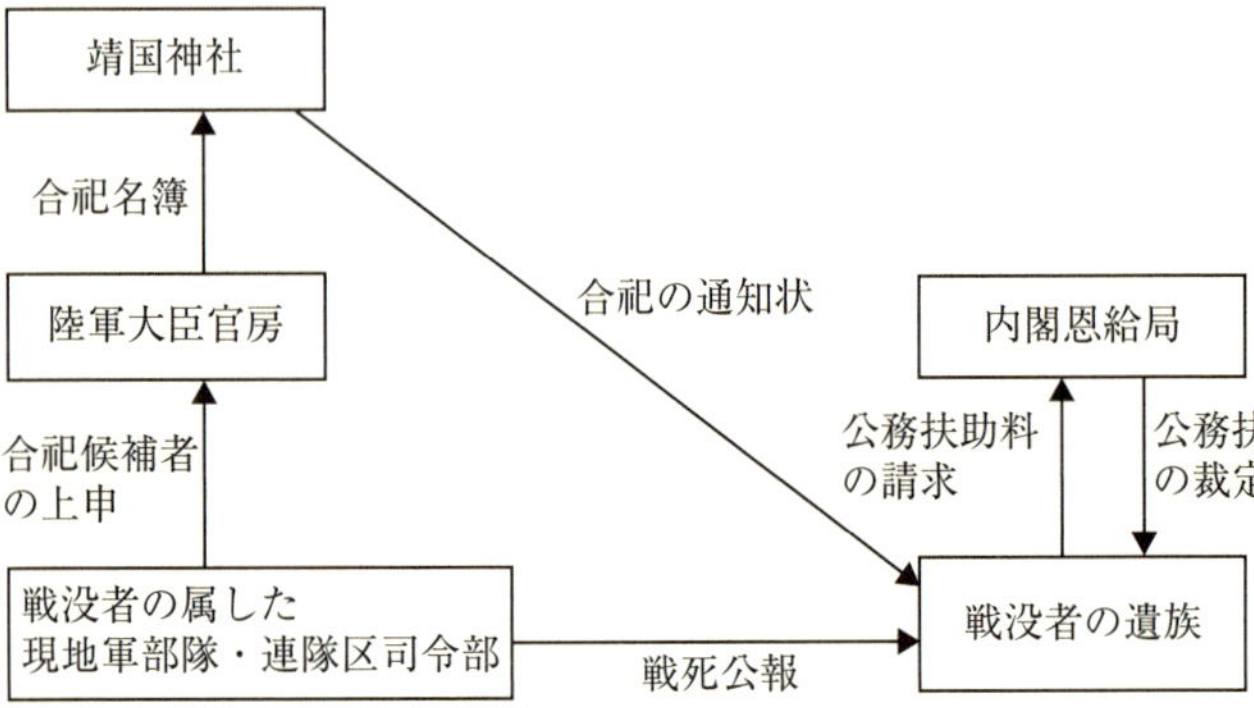

戦前（日清戦争からアジア太平洋戦争まで）の合祀と恩給の決定システム

れが軍人恩給法の「公務の為め健康に有害なる感動を受たるを顧みること能わずして勤務に従事し」という独特の表現を受け継いでいることは明らかであろう。

つまりこの合祀範囲の変更のポイントは、「戦時」「戦地」の軍人軍属死没者は、「忌むべき」例外を除いて基本的には合祀するという方針に変わった点にある。これに対して内地・非戦地の場合は、戦時動員業務に関連する公務傷病死であることが合祀の要件であった。ここに非戦地の限定つきではあったが、公務死を合祀資格として認めることが生じてきている。ただし合祀される軍属の身分については、「従軍記章」によって合祀範囲を限定しているのであった。なお靖国神社への合祀の上申は、その戦没者の属した部隊が行なうものであって、遺族の請求によるものではなく、合祀判定審査は陸軍を中心に陸海軍の大臣官房が一方的に判断するものだった。[19]

特別合祀者調査委員会での審査

靖国神社特別合祀者調査委員会では具体例にあたって、適用基準のいわば細則を定め、合祀基準の適用について、各方面からの問い合わせに答えて、「乙号決議第一号」として八項を決議し、「丙号決議第二号」として二六件の合祀に関する判定を行なっている。この「乙号決議第一号」の最初の二項については、「従軍記章」問題なので後述したい。

乙号で問題となっている一つは、「戦地」で公務に起因する疾病にかかり「帰朝後死亡したる者」を公務起因の死没と判定するか、それに「公務起因の自殺者」と理解する基準は何か、また「戦地」で「平病に罹り内地帰還後伝染病又は流行病を継発し死亡したる者」の合祀の可否判定の問題である。「戦地」で病没したならただちに合祀の対象となるが、その「自殺」が「公務起因」か否かや、「戦地」を離れて帰郷後に死没した者の判定は難しかった。これらについては結局、調査委員会では公務扶助料の請求書を遺族から出させ、恩給審査会で扶助料「甲額」（「戦闘及び公務の為に死没したる者の寡婦孤児扶助料」）の裁定を受けた場合は「合祀」と判定するとしている。言い換えれば、恩給法の適用を受ける軍人・官吏の合祀に関する難しい判断では、最終的には恩給局の公務死裁定に依存しているのである。またその際には「死亡証明書」「屍体検案書」「病床日誌」「患者原簿」などを照らし合わせて、合祀の判定材料とすることにしている。(20)

「丙号決議第二号」では、個別の判定難事例が検討されている。しかしそこでも、合祀が適当と判定された中には、「従軍の目的を以て衛戍地《えいじゅち》出発後、内地に於て勤務中雨露等に侵され、又は行軍中炎熱降雨等の為めに発病死亡せる者にして、扶助料甲額を受けたる者」といった、広く従軍途上とはいえるが、内地で待機中時の「勤務」「行軍」での死亡に対し「扶助料甲額」が下された事例もあり、さらに単に「内地に在て演習中傷死溺死其他、炎熱雨露等の為めに発病し死亡せるものにして、扶助料甲額を受けたる者」というように、従軍途上ですらない「内地」での「演習」に起因する病死にも「扶助料甲額」が下された事例があった。[21]内閣恩給局の寡婦扶助料の裁定も、日清戦争の「戦時」にはハードルが低くなっていたようであり、[22]その結果として内地の平病死者と思われる事例までもが合祀されるという、合祀基準が特段に緩和される事態が起こっていたといえよう。

なお丙号決議の中で一例だけ例外的に、「扶助料請求せしも、公務に基因せざるものと裁定せられたるもの」にもかかわらず、「合祀」と判定された事例があった。それは「戦地宿営地に於て、他兵卒弾丸誤発の為め負傷死亡した者」である。これについては西南戦争後の追加合祀基準第三款において、「戦闘中他人誤発の銃丸に触れ（中略）死亡する者」を合祀対象者と認定しており、乙号決議第一項の事例の中にも同様の例があるので、このように判定したものであろう。[23]恩給局の裁定では「非公務死」と裁定されながら、靖国神社へは合祀された者もいたのである。

とはいえなかには、「戦地」での病死か判断に迷うものもある。例えば「従軍途中港湾出発前より脚気《かっけ》病に罹り、出発後該病増進の為めに還送せられ、遂に死亡したる者」の場合、これは「戦地の発病者と同視すべきや」との問いに対し、「右は合祀す」と判定を下している。この当時脚気は、東洋独自の風土病・伝染病の一種と考えられていたためである。また死没者の中には、扶助料が受けられるか未裁定の者や、所属する原隊が公務死認定の証明を発行しなかったためであろうか、扶助料未請求の死者も多かった。こうした時にも調査委員会では、「戦地」での事故死・病死者に対しては広く合祀の判断を下す傾向にあった。例えば、「戦地に於て腸急性加答児《カタル》病に罹り、躁狂病継発、帰航の際海中に投じ死亡せる者」で扶助料未裁定の者や、「戦地に於て腸窒扶斯《チフス》病に罹り、旅順口兵站《へいたん》病院に於て治療中、看病人の隙を窺《うかが》い脱出、所在不明となり、数日を経て其附近の対岸に該死体を発見せり。検案書に拠《よ》れば右は精神錯乱症を併発し、戸外に暴出し（中略）凍死せるものと認定せられたる」扶助料未請求の者など、戦病に起因する「精神錯乱」による自殺者・死者にも、合祀との判断が下されている。さらに、「戦地に於て機械体操演習中、転倒左顱頂《ろちょう》部を巌石に打撲し、脳震盪《のうしんとう》を起し死亡せし者にして、扶助料未請求の者」に関しては、やはり合祀との判断を下している。

「戦地」での死亡については、私的理由による死亡が推測される者に対しても、合祀を否とする結論に慎重な姿勢をとる傾向があった。例えば、「戦地に於て河豚《ふぐ》中毒症に罹り死亡せし者」（河豚が、兵食として供されたとは思えない）や、「戦地舎営中、酩酊歩行の際顚倒《てんとう》、岩石に頭部を打撲し脳震盪症を起し死亡せる者」などの酒のうえでの転倒事故に対しても、「特別調査に附す」としているのである。[24] こうした合祀判定を保留する事態の生ずる理由は、日清戦後の特別合祀の基準には、「戦地」での死没者の場合、本人の故意と梅毒による傷痍疾病死は除くとしても、本人の重大な過失に基づく死者を合祀から除外する規定を欠いていたことによるものであろう。その点では基準に不備があったともいえる。

特別合祀に関して大江志乃夫は、「合祀の戦死者と『特祀』の戦病死者や戦時災害死者とのあいだには、わざわざ『特祀』と記載し、合祀の年月も遅らせるなど明らかな差別があった」と述べているが、(25)合祀に関する方針に戦死者中心主義があったという意味ではその通りであろう。しかし特別合祀の実態からすると、むしろ合祀基準が特段に緩和された面が目立っているのであり、戊辰戦争時の合祀の先例を掘り起こし、国民各層のこれまでにない自発的な戦争協力と犠牲によって戦争に勝利したことを賞するという意味合いが、特別合祀の主たる面だといえよう。

除外される戦没者—軍役夫、内地陸軍検疫所、台湾憲兵

靖国神社特別合祀委員会でも判断し難かったのは、合祀されるべき資格者の範囲であった。前述のように合祀対象者は、賞勲局から授与される「従軍記章」を受ける資格を有する者に限られていた。明治二八年勅令第一四三号「明治二十七八年従軍記章条例」の第三条は、従軍記章が授与される資格者についての規程であり、「一、明治二十七年二十八年の戦役（日清戦争）に於て、大本営に従属し又は出征軍に編入せられ戦地に在りし者、二、同役に於て出征軍に編入せられざるも、戦地に在て軍務に従事したる陸海軍軍人軍属若《も》くは文官」に授与するとある。しかしその但し書きでは「雇用人夫の類は授与の限《かぎり》に在らず」とあり、明らかに死没した軍役夫をこの栄典から排除する意図があった。とはいえ同第四条では、「第三条に掲ぐる者に該当せずと雖《いえど》も、同役の軍務に従事し若くは之を幇助《ほうじょ》したる者には、特に従軍記章を授与することあるべし」とあり、例外を認めている。(26)したがって軍属には雇員、傭人《ようにん》、臨時傭人の三段階の身分差があったが、臨時傭人や傭人などを「従軍記章」の与えら

れない「雇用人夫の類」とみなすか、それとも「従軍記章」が与えられる「軍務」を「幇助したる者」と位置づけるかについては、裁量の余地があったのである(27)。

靖国神社特別合祀委員会としては、「乙号決議第一号」の第一項で「合祀すべき雇員、傭人は戦地に在て服務したる雇員（陸軍省雇員名簿に記載あるもの）、看病人、磨工とす」とし、戦地勤務の雇員傭人に対しては合祀の意思があった。これに対し「内地服務」のそれらの身分の者への従軍記章附与は「未定」としているが、これは合祀すべき者とすべきでない者の両方の場合があることを考慮してのことであろう。委員会では第二項で、「馬卒、従卒は従軍記章附与の者に限る」と決めている。「馬卒、従卒」の中には、高級軍人が平素私的に雇っていた馬丁を、軍の編制部隊に入れて戦地に連れて行くために、「馬卒に換用（代行）随行せしめ」る場合も含まれていた。軍はこれらの「馬卒、従卒」となった者に、制服としての新調の「法被股引《はっぴももひき》」を与え(28)、戦場で戦死した「馬卒」らには従軍記章が附与されて合祀される者もあった。ただし戦場に動員された非戦闘員で最大の数を占めたのは、最下層の臨時傭人の身分の軍役夫であった。

大谷正、原田敬一らの研究によれば、日清戦争・台湾戦争での軍役夫の死没者は七〇〇〇人から八〇〇〇人におよぶという。その当時、手段を選ばず利益を得ようとして参加したと見られていた軍役夫は、侠客の小頭に率いられた集団であり、「代用馬卒」と違って官から法被も供与されず、戦場では帯刀の私服姿であった(29)。軍役夫は前述のように一八九八（明治三一）年の特別合祀からは、基本的に除外されて病死者は合祀されないと決まっていたが、これら「臨時傭人軍役夫等」でも「戦闘中若《も》しくは戦闘中にあらざるも、敵の所為に由り負傷し遂に之が為め死亡したる者」に限って、合祀対象とする方針が取られていた(30)。実際に原田の集計によれば、『靖国神社忠魂史』に記載の軍役夫の合祀者は戦死者八七名だけであるという(31)。そして軍役夫に限らず軍人以外の低い身分の者は、しばしば戦死の時だけ合祀されるという方針が、この日清戦争の特別合祀から採用されるようになる。

とはいえ、おそらく日清戦争の戦没者の合祀範囲は、軍人・軍属・官吏・雇員などに関しては、明治期の中で最も広かったと思われる。日清戦争での合祀者数は一万三五九七名を数えたが、このうち特別合祀がはじまる以前の戦死者の合祀は合計一七三五名にすぎなかった(32)。特別合祀の結果、靖国神社への合祀予定者の領域は、軍人恩給法の「公務傷病死」の範囲を上回るものとなった。合祀範囲の拡大は、日清戦争の勝利を「我国千古無比の偉業」ととらえる意識に基づく一方、三国干渉などに反発して盛り上がったナショナリズムをこのまま持続させ、「大に天下敵愾《てきがい》の心を奨励する」ことも動機としていたのである(33)。

とはいえ靖国神社への合祀範囲の拡大は、主として「戦地」「戦時」の死者の場合という限定付きであったことを忘れてはならない。そのため「戦時」とされる期間が「戦地」に比べて短い内地において、職務として伝染病感染した不健康業務死者に対しては、「戦時」の期間を越えることを理由に厳しい判断を下している。具体的には、復員兵の検疫を担当する「臨時陸軍検疫所の事業は廿八年六月一日より開始せられたり、故に職務上病毒に感染し死亡せる者は皆内地服務者の為めに、定められたつ期限即ち廿八年五月十三日以後に係るを以て、合祀すべき者一名もなきは止むを得ざるものとすべきや」との問いに、「右は合祀せず」との判定を下している[34]。このような不健康業務死者の遺族には軍人恩給法の規定から見て公務扶助料の裁定が下ったものと思われるが、靖国神社への合祀はされなかったのである。しかし非「戦地」で伝染病感染を余儀なくされた不健康業務死は、特別合祀基準第四項に該当するので、その点では「内地」の「戦時」期間設定に例外を設けるのが一貫性のある措置であったといえよう。

台湾を植民地化したことで、植民地化に反対する台湾人のさまざまな抗日のゲリラ活動が発生し、日本軍による討伐が開始される。そのため台湾は一八九五（明治二八）年一一月一八日に「平定」されたことにはなっているが、台湾でのゲリラ戦はそれ以降も長く続き、「討伐隊」で「土匪」のために戦死する軍人も絶えなかった。陸軍省副官部では一八九八年五月、「大本営直轄」の「討伐隊に属し」て、さまざまの勤務中に戦死・戦傷死した場合、同じく「匪徒の襲撃を受け」戦死・戦傷死した場合には、靖国神社に合祀するのが適当との見解を示すことになる[35]。

ただし特別合祀の判定は、靖国神社の管理を担当している陸軍省副官だけでなく、一九〇〇年五月の官制改正で、陸軍省総務局庶務課も「軍旗及靖国神社に関する事項」を担当することになっていた。ただし庶務課が存在して靖国神社の合祀事務を担当したのは、一九〇〇年五月から一九〇三年一二月までの期間であるが、特に一九〇三年四月までは副官の指揮命令系統下にあったようには見えない[36]。

一九〇二年三月に憲兵司令部から陸軍省総務局庶務課宛に、台湾の討伐隊で戦死した憲兵についての合祀の「詮議」がどうなっているのかについての問い合わせが行なわれる。一八九八年九月から一九〇一年三月までの間に一〇回にわたって、憲兵司令部から討伐隊で戦死した憲兵曹長・憲兵上等兵など合計一〇九名（憲兵以外の者を除く）の合祀の上申が行なわれているのに、実際に靖国神社に合祀済みの者はわずか二七名に止まっていたからである。ところが照会を受けた陸軍省庶務課では、台湾における「討伐隊に属」する憲兵の死を、戦死公報が出されていないのを根拠に「戦死したるものにあらず」考えていた。正規軍との戦いでなければ、戦死ではないと理解していた模様である。「討伐隊」での憲兵の死没は、「仮に戦死と見認むべきたりとも、靖国神社に合祀せられたる例なきにより、後日御詮議の上定めらるべき」事例として、「目下尚御詮議中に有之」との回答案を策定している[37]。しかし討伐隊の戦没憲兵の合祀問題も、総務局庶務課が陸軍省副官の指揮命令系統下に入った一九〇三年四月以降には、解決し合祀されたものと推測される。

2　義和団出兵と日露戦争

義和団事件での合祀範囲の縮小

義和団事件での出兵時（一九〇〇〈明治三三〉年）の特別賜金の賜与基準と合祀基準は、日清戦争のそれとは大きく違っており、この戦役独自のものであった。

義和団出兵での死亡者の遺族へは、日清戦争時と同じく軍人には軍人恩給法が、非軍人雇用者には明治二七年勅令第一六四号が適用され、特別賜金も給付された。しかし特別賜金の受給者の範囲は、日清戦争時より大きく狭まっている。この時の支給対象者は、義和団出兵で派遣された「軍人軍属雇員傭人」のうち、「戦死者若《も》しくは公務の為め死歿したる者」であった。つまり給付対象は「戦地」での戦死・戦傷死者と公務傷病死者の二種類だけであった。日清戦争時には認められた「戦地」での「公務に基因せざる傷痍疾病に罹り死歿」した者、つまり平病死者などが含まれていない。さらにこれは「成るべく国庫の負担を増さざるの方針」から出たものであった(1)。特別賜金の支給範囲は、恩給の公務扶助料の支給範囲より狭かった。一時金の支給範囲が恩給の支給範囲より狭いという事例は、この戦役にしか見られない。

ただし特別賜金の二種類の支給対象者への支給金額は、おおむね大きく増額されているだけでなく、日清戦争の時には同額だった「戦地」の「戦死者」と「公務」死没者の間で、支給金額の差別化が図られている。「戦地」の戦死者の場合でいえば、大将が前回日清戦争時の三〇〇〇円から五一〇〇円に、少尉が前回の三七〇円から六一二円に、陸軍兵卒が同じく一五〇円から二七二円に上がっている。しかし「戦地」の「公務」死没者は「戦死」者より少額の上げ幅となっており、最下級の臨時傭人の場合はかえって支給金額が下がっている(2)。支給対象を絞るなかで、特に軍隊内の階級差を重視し、死に方では「戦死者」優位の支給方針となっている。

義和団出兵の死没者の靖国神社への合祀については、軍人軍属の戦死者・戦傷死者が靖国神社に合祀される方針が、変わることはありえなかった。したがって基準が変動する可能性があるのは、特別合祀者の範囲である。そしてこの頃から、その事変・戦役ごとの特別合祀の合祀候補者の上申の資格は定型の書類の中で明示されるようになる。それは義和団出兵において、合祀資格者を各部隊から申請する書類「陸軍軍人軍属にして靖国神社に特別合祀者人名簿」といった定型のフォームが作られるようになったためである。その戦役での上申基準は、書類の書き方に関する「注意」の一の「本名簿に記載すべき者」の範囲という形で、合祀を申請する部隊に対し示されるのである。この書類は陸軍大臣名で参謀総長宛に公示された。ただしこの上申書で示された資格は、ただちに合否判定の審査基準ではなかった。しかしこのフォームによって、合祀上申資格者の大枠は知ることができる。

義和団出兵の折には、特別合祀の「名簿」の「注意」一で「清国事件」の戦時期間が規定され、さらに名簿記載者は「戦地に於て公務の為め疾病に罹り又は災害により死亡したる者、及戦地にあらざるも之に関係したる業務に服し、公務若くは災害の為め死亡したる者に限る」とされていた。つまり義和団出兵の特別合祀の対象者は、「戦地」では「公務疾病」「災害」による死亡者だが、非「戦地」では戦役「業務」従事者で「公務」「災害」で死亡した者である。日清戦争時と異なる点は、日清戦争時の特別合祀基準の第三項の、「戦地」での死因不明・生死不明・公務自殺・平病死者がすべて対象から除外され、非「戦地」での不健康業務に基づく「疾病」死亡者も明示されていないことである(3)。「戦地」での公務死以外のさまざまな死没軍人軍属が、合祀上申資格者からはっきり除外されることは、この義和団出兵の時だけのように思う。

またここでは特別賜金の賜与範囲の縮小が、合祀の上申資格を狭めることに連動していたと思われる。特別賜金の賜与と靖国神社への合祀を決定するのは、部局は違ってもいずれも陸軍省である。とはいえこのように財政事情に発して、最終的に合祀上申資格までが変化したのは、やはりこの義和団出兵の時以外に見ることはできない。ここでは靖国神社への合祀が、単に恩賞の一種としてだけ考えられているようである。

なお合祀対象者の身分に関しては、前述の「陸軍軍人軍属にして靖国神社に特別合祀者人名簿」の「注意」の二で、「軍人軍属（軍役夫馬丁共）は当時の編制定員内にある者のみとす」と記されており、(4)もし「当時の編制定員内」にあると認められれば、「軍役夫馬丁」でも合祀資格のある「軍属」視する方針があったことが知られる。そのためであろうか、実際に「特別合祀」を上申された者の中には、「仲仕」「船子《ふなこ》」「火夫」「石炭夫」などの「臨時傭人」が含まれていた。(5)ただし『靖国神社忠魂史』の記述と照合すると、この北清事変では「職工」一名の特別合祀はあったが、(6)「軍役夫」「臨時傭人」の特別合祀はされていないようである。

また戦死者の場合、北京公使館の書記官などと並んで北京の民間会社の社員も、宮内大臣から合祀申請が出されている。その中には、民間会社社員で北京滞在中に「義勇隊に加わり防戦中」に戦死した者だけでなく、やはり民間会社社員が事変に遭遇して「難を帝国領事館に避け防戦中」に戦死との合祀申請例が見られる。(7)後者のような積極的な戦闘参加者とはいえない、事実上は領事館に避難した民間人まで合祀申請がされているわけだが、やはり『靖国神社忠魂史』で見ると、前者だけが合祀される結果となっている。

ともあれ義和団出兵の際には軍役夫などの特別合祀をめぐって、合祀上申資格を決めた時点と実際の合祀の可否を判定する時点では、判断が異なってきたようである。この時の合祀判定を含む関連事務にあたったのが、合祀事務を約三年半だけ担当した陸軍省の庶務課であったことは、海軍省副官宛の手紙でも推測される。(8)義和団出兵の時の合祀は、その担当部局の点でも特異例であったといえよう。

八甲田山の雪中行軍事件と合祀問題

一九〇二（明治三五）年一月下旬、青森歩兵第五連隊が日露戦争を想定した訓練で、青森県八甲田山で雪中行軍を行ない遭難、一九九名が凍死するという事件が起こった。この事件の衝撃を受けて、陸軍省ではただちに人事局長を委員長とする善後策を策定する取調委員会を設置し、この委員会には陸軍大臣から調査すべき事項として、この遭難者を戦死者同様に取り扱い、靖国神社に合祀するなどの方針が指示された。(9)

しかし、八甲田山の雪中行軍の犠牲者に戦死者同様の取り扱いを求める勅令を発布するという案に対しては、内閣法制局から反対意見が出る。もしそのような特別の勅令を出す例を認めると、「将来之に類似するもの続出して極る所なかるべし」として、「戦死者に対する優遇に超過せざる範囲に於て」「埋葬賑恤《しんじゅつ》等」を行なうべしという意見である。つまり凍死者の葬儀や遺族への経済的援護という物的な補償は、戦死者への処遇に近い範囲で「現行法」の規定を転用すれば良いというものである。

この事件の犠牲者への手当を義和団出兵の戦死者の場合と比較すると、恩給の公務扶助料は同額が支給され「戦闘及公務」死の扱いとなっているが、特別賜金の額が義和団出兵の戦死者に比べわずかに少額となり、北清事変の戦死者には追賞賜金が出されているのに雪中行軍の凍死者には出されていないという違いが出ている[10]。義和団出兵の戦死者遺族への「賑恤」のほうが、八甲田山事件の遺族の受け取る総額よりわずかに多くなるという、微妙な金額である。

そして最終的には、陸軍省内の取調委員会でも最終的には合祀に反対する決議をあげている。その最大の理由は、靖国神社の設置の趣旨が、「国難に殉じたる者を祭祀」するところにあるのであって、「居常勤務の為めに殪《たお》れたる者を祭祀」する神社ではないという点にあった。もし無理に合祀すれば、「神社の尊厳を害し、国民崇敬の念を薄からしめ、現在意の如く振わざる神社をして、将来益々不振の状況に陥らしむること、火を睹《み》るよりも明かなるべし」というのである（傍点引用者）。靖国神社は日露戦争前には、どうやら「振《ふる》わざる神社」であったようである。

また取調委員長の反対意見には、雪中行軍遭難者の靖国神社合祀への特別の扱いが閣議決定される時には、その上奏者は内閣総理大臣となり、この措置は合祀に関する主管大臣である陸軍大臣の権限と責任を自ら放棄するものであるということも含まれていた[11]。この陸軍省の権限を自ら削減することに対する部内での批判が、その合祀に対する最終的な反対理由となったのである。

日露戦争時の援護と合祀資格

日露戦争時の戦没者への扶助も、軍人恩給法、明治二七年勅令第一六四号、特別賜金の給付などによるものであった。一九〇四（明治三七）年七月に制定された特別賜金賜与規則では、特別賜金の受給資格者を広く「陸軍軍人軍属及雇員傭人等にして今回の戦役に従事し死歿したる者」としている。つまり「公務死」でない者も含んでいた。

また今回の特別賜金の支給金額は、死没者の二〇階級の身分・階級差だけでなく、死に方によっても異なっていた。すなわち支給金額は、甲「戦死者」（戦傷死者を含む）が最も高く、乙「戦地死没者」（後送後の死者を含む）は甲の半額に、丙「内地に於て戦役に服し死歿したる者」は乙の半額の三段階で区分されていた。(12)この日露戦争期に制定された死に方の三段階区分のパターンが、細部での違いはあっても、第二次世界大戦期まで継承されることとなる。

またここで適用された軍人恩給法は、一九〇二年に一部改正されたものだった。この改正によって、公務死は戦死戦闘負傷死とその他の公務死に二分され、それに恩給権のある者の平病死の場合とで、甲、乙、丙の三段階の差のある扶助料が支給されることになった。甲の戦死戦闘負傷死は従来の一・五倍の四五円、乙のその他の公務死は従来どおりの三〇円、そして丙の恩給権者の平病死も従来どおりの一五円である。(13)特別賜金の規則と恩給法の改正は、明確に戦死・戦闘負傷死者優位のメッセージを伝えるものであるといえよう。

陸軍大臣寺内正毅《てらうちまさたけ》名で公表された今回の戦役の特別合祀の上申資格は、その合祀範囲を縮小させた義和団出兵時の資格を飛び越えて、過去の大戦争だった日清戦争時のそれを引き継ぎ一部を改訂したものであった。「戦死」「戦傷死」者の軍人軍属に関しては、みな合祀されている。これに対して病死者など特別合祀の合祀上申資格者の調査は、一九〇六年八月の寺内陸相名の通牒によって開始された。そこでの合祀候補者の上申資格は「靖国神社臨時特別合祀陸軍軍人軍属名簿」の記載に関する「注意」の一において示されている。この「名簿」に記載すべき者は、戦時期間の「明治三十七年二月六日ヨリ同三十八年十月十六日」の間、この「戦役に従事したる」軍人軍属で傷痍疾病により死没した、以下の事項に該当する者である。それは、

一、戦地に於て公務若《もしく》は避くべからざる災害の為に死歿したる者
二、戦地に於て伝染病若は流行病に罹《かか》り、又は公務の為傷《しょう》痍《い》を受け、若は疾病に罹り死歿したる者
三、戦地に於て死因不明の者、又は自己の作為に因らざる傷痍若は自己の不摂生に因らざる疾病の為死歿したる者
四、戦地に在らざるも戦役事務に関し公務上伝染病若は流行病に罹り、又は避くべからざる災害の為死歿したる者
五、戦場にて負傷の為身体自由ならず、捕われて敵地に護送されて死歿したる者、若は戦地に於て自殺したる者等にして、其の情状特別合祀と認むべき者

であった。

以上の項目を見ると、第一項から第三項までと第五項後半に示されるように、「戦地」においては、公務死・災害死・伝染病死・公傷病死・死因不明・不慮の傷痍死・平病死者と特別の「情状」ある自殺者が、広く合祀の有資格者とされていることが知られる。ただ日清戦争時にあった「戦地」での生死不明者は除かれている（第五項前半の死没捕虜については後述したい）。そして第四項において非「戦地」での戦役事務従事者に関し、公務上の理由で伝染病に罹患死した者と災害死者が合祀対象者とされている。どちらの場合でも、日清戦争時の特別合祀の資格の枠組みが基本的に受け継がれているのがわかるが、非戦地での死没者の合祀の条件はやや狭まっているのがわかる。日清戦争時には「出征事務に関し公務若くは災害の為め死歿し」と、出征事務関連の「公務」死が伝染病でない病気を含めて広く認められる可能性（たとえば、「公務」の煩忙のための持病の悪化など）があったのに、今回は公務上での伝染病罹患や災害に遭った場合に限られるからである。

また今回の合祀資格では、災害死では「避くべからざる災害」とか、傷痍死では「自己の作為に因らざる傷痍」とか、病死では「自己の不摂生に因らざる疾病」とか、日清戦争時と比べて、特別合祀の対象となる災害・傷痍・疾病の要件を厳格化し、本人の責任によらない「災害」「傷痍」「疾病」としているのが特徴である。そのためここでは、「戦地」では災害死者や平病死者をも合祀対象者として認めているが、その傷病などが本人の責に属する場合を除外するものとなっている。日清戦争の特別合祀の可否判定で、困惑するような経験を踏まえた合祀資格といえよう(14)。

また、一九〇七（明治四〇）年七月に出された特別合祀の「名簿」の「注意」の中には、申請者の範囲について「軍役夫諸職工等臨時採用（募集）の者」についての記述があり、軍役夫を含むこれらの傭人の身分の者が病没した時に「特別合祀」申請の資格が与えられていることが示されている。[15] ただし実際の特別合祀の判定審査の基準は別であり、上申されても合祀が認められないケースが多かった。臨時測量部員の「特別合祀」の判定では、合祀は「病歿者を除く」とされていた。「砲兵工廠職工の死歿者」の特別合祀は、内地勤務で動員業務と無関係と見られたためだろうか、「従軍記章」が授与されないことを理由に「否決」されている。[16] 実際に合祀された病没者は、大本営雇用の「工夫」や満洲軍総司令部の「馬卒代用傭人」、臨時軍用鉄道監部の「測量夫」「線路工夫」「火夫」「油差《あぶらさし》」「轉轍手《てんてつしゅ》」「車輌木工」などであり、所属部署の力によって特別合祀の判定が左右されたようにも見える。[17]

また日露戦争では従来の軍役夫が、輜重輸卒《しちょうゆそつ》・補助輜重輸卒にすべて取って代わられたわけでないことは、軍役夫の募集や採用をめぐって多くの自薦の売り込みがなされ、軍役夫に対して被服が支給されたことからも明らかである。ただし日清戦争での苦い経験を踏まえて、今回の軍夫募集では「受負人の身元」「証明」を警察署長が行なう体制を取り、軍夫も「従軍中軍紀を紊《みだ》し軍隊の威信を傷つくる」ようなことのないように、警察で調査するとしている。[18] そして日清戦争時と違って、採用された軍役夫には制服としての綿入法被《わたいれはっぴ》、袷脚絆《あわせきゃはん》などを軍が供与している。[19] ただし合祀上申書類で「軍役夫」と記されている一人は、『靖国神社忠魂史』ではその身分が第二補充兵を動員した「補輜輸」（補助輜重輸卒）と書かれている。[20] これは単純な誤記なのかは、よくわからない。

この靖国神社への合祀と、特別賜金の支給対象者との関連を見ると、特別賜金の甲額を受ける「戦死者」は合祀され、乙額の「戦地死歿者」も軍人の場合は特別合祀の対象となる。しかし丙額の「内地に於て戦役に服し死歿したる者」の場合は、特別合祀の対象者と平病死者として合祀されない者とに分かれると思われる。

なおこの日露戦争の時から、戦役ごとに陸（海）軍大臣官房内に合祀に関する審査委員会が設置され、高級副官が長となり、出先の部隊長や連隊区司令官からの上申に基づき、特別合祀に関していえば五人の委員が合祀の可否を審査する方式が採用されるようになる[21]。またすでに明治末年には軍隊内においても、恩給法上の公務死裁定がそのまま靖国神社への合祀資格であると理解される場合があったようである。実際に戦没者の属した師団から、恩給局によって遺族に公務死裁定が下らず、「遺族扶助料を受くべき権利なき者と裁定せられ」た場合には、靖国神社への合祀の判定も覆るのではないかとの問い合わせが、陸軍省副官宛に寄せられている。これに対して副官は、陸軍省では恩給局の裁定とは違っても、「情状の酌量の上、死亡の原因公務に基因したることを認定」する場合があり、合祀の結論は覆らないと回答している[22]。しかしこの回答からすると、合祀の基準も恩給局の裁定の範囲とは異なる、ある種の公務死と位置づけるようになっていたとも見える。

死没捕虜の合祀

今回の合祀資格でまったく新しいのは、第五項の前半の捕虜の死没者の規定が加えられた点であろう。この規程は最初の段階の草案では、「俘虜となり死歿したる者」という簡潔な規定だったのが、その後「負傷の為身体自由ならず、捕われて敵地に護送されて死歿したる者」と、捕虜といっても自由意思によらないで余儀なく捕虜となった者に限定し、「俘虜」という用語も抹消する改訂をしている[23]。しかし、にもかかわらず日露戦争は日本軍にとって、戦時国際法である「陸戦の法規慣例に関する規則」（一八九九年）に基づいて、捕虜を人道的に取り扱う制度を整備した戦争であった[24]。それはロシア兵に対してのみではなく日本兵についても適用されており、日露戦争においては、捕虜となって死没した四四名の日本の軍人・軍属の遺族中軍人二五名には、その全員に対し公務死認定の証明書が陸軍から発行されて恩給が出されることとなっている[25]。そして軍人で死没捕虜となった姓名の判明する一〇名の場合について『靖国神社忠魂史』と照合すると、そのうち八名が靖国神社に合祀されている。また合祀資格の文言とは異なり、捕虜となった経緯は必ずしも「負傷の為身体自由ならず」の場合のみとは限らず、軍使を立てて降伏しようとした事例もあった模様であり、死没者の中にはロシアの収容所での理由不明の自殺者も含んでいるが、その合祀も認められている[26]。

なおこれに関連して、まだ外国法の影響の強い一八八三（明治一六）年の陸軍恩給令では、「戦時虜獲に遭い俘囚となりたる月日は、猶《な》お平時現役に在ると同じく之を算す」（第三八条）と、捕虜であった期間を勤務年に参入することが明記されていたのに、一八九〇年の軍人恩給法ではこの条項が削除されている[27]。捕虜であることへの不利益改訂が行なわれ、積極的に捕虜を認めるわけではない姿勢とも受け取れる。しかし日露戦争時の捕虜は、帰還後に審問は受けたが軍法会議送りはされず、中には勲功を与えられた捕虜もあった[28]。これは国家のために死ぬことだけが最大の栄誉という価値観とは異なり、名誉ある捕虜も存在するという、これまでの日本にはなかった考え方に基づいている。

とはいえこの当時の日本が調印批准した戦時国際法の中でも、日本社会での受け止め方には違いがあった。このうち戦場での傷病兵を敵味方なく看護する赤十字条約については、日本の中でも肯定的な反応が支配的であった。しかし日本軍将兵が敵国の捕虜となることへの意見はさまざまで、軍隊の中より、むしろ日本社会の中には否定的な意見が強かったという[29]。たとえば民間で製作された、徴兵検査と現役兵向けの準備マニュアルである『歩兵教程』（厚生堂、一九一一年）には、「欧米諸国」などでは「敵に降伏し俘虜となることを甚だしく恥辱と為さざるの風あり」とされているが、日本軍においてはこれと異なり、「断じて敵軍に降伏し俘虜となる如き大恥辱、大卑怯の行為あるべからず」と書かれていた[30]。

しかし戦場で敵味方の区別なく看護する赤十字条約を認めることは、元敵兵を看護することを認め、逆に自らが捕虜となる場合もありうることを意味しており、捕虜となることを認めないこととは矛盾する。捕虜の人権の問題は、捕虜に限らず戦争に動員された兵士の人権問題なのであるが、日露戦争からの捕虜政策転換には、その根本の自覚が十分ではなかったといえよう。

戦時国際法上での捕虜の扱いの変化は、いわば横からの入力、日本の国際化の流れから生じたものだった。もともと赤十字条約や陸戦の法規慣例に関する規則への加入は、日本も文明国の一員となって条約改正を進めるという動機に基づいていたものであろうが、もともと捕虜の待遇改善は戦闘員の戦場という極限状況での最低限の人権の保障という考えに基づいていた。捕虜を認める日本側の動機には、列強監視のなかで、欧米諸国の一つであるロシアと戦争するにあたって、戦時国際法＝文明の法を守る日本という姿勢をアピールしたいという思惑があり、そこにはこれまでの捕虜観に対する根本的な反省があったわけではなかった。とはいえ、それがたとえ底の浅い国際化対応の変化であっても、そこから異なる可能性が生み出される場合がある。

また姓名の判明する病没捕虜についていえば、「水夫」「火夫」などの軍役夫九名の捕虜は、『靖国神社忠魂史』の記述と突き合わせると、全員合祀されていない[31]。死没捕虜の「特別合祀」については、軍役夫は対象外だったのであろう。

この日清・日露戦争時の靖国神社の合祀資格と基準は、のちに合祀資格・基準の典型として意識されるようになる。しかしそこでは、敵陣での死没捕虜の合祀条項は忘れ去られていた。そして戦争の勝利とそのための八万柱を超える靖国神社の新たな祭神の出現とともに、合祀のための臨時大祭の時に、富豪からの多額の奉納金や相撲協会の奉納相撲の挙行、その他の奉納が寄せられるようになってきている[32]。靖国神社の支持基盤は、祭神となった戦没者の遺族・戦友・同郷人などの有縁者にあり、各町村などでの忠魂碑の建立に示されるように、祭神の有縁者が国民的な広がりをもったことがこうした結果を生み出す基礎となった。そしてこのことは靖国神社が、わずか数年前の「意の如く振わざる神社」から一転して、国民の帝国意識の形成と結びついて、対外戦争の勝利に尽くした国家的犠牲者に栄誉を与える神社として、社会的に定着してきたことを示すものであった。

討伐隊の警察官合祀問題

植民地化の過程での現地人の武力的抵抗は、すでに台湾の植民地化過程で経験していたが、台湾で反抗する少数民族に対する討伐隊の戦死者は、軍人身分に属さない者や現地人協力者にも見られるようになっていた。一九〇八（明治四一）年五月九日、内務大臣は「台湾に於て土匪《どひ》討伐及生蕃《せいばん》防禦に従事し、戦死したる警察官及隘勇《あいゆう》を靖国神社へ合祀方」を陸海軍大臣に要請する。「隘勇」とは高地に住む台湾原住民の反抗に対する中国系台湾人協力者の自警団をさすもので、日本人の警察官だけでなく、台湾人協力者も合祀すべきだというのであった(33)。しかしこの要請は放置されて回答がないため、再度一九一〇年五月一八日に、内務大臣平田東助は陸海軍大臣に対し、「台湾に於て土匪及生蕃討伐に従事して斃《たお》れたる警察官吏」に対しては、すでに「相当の賞賜」も行なわれており、「純然たる戦闘行為」で死亡しているのに、靖国神社への合祀という「最大名誉たる国家の祭祀を受けしめ得ざるは、頗《すこぶ》る遺憾とする所」として、西南戦争当時の警視庁警察官の先例にならって靖国神社に合祀することを要請する。ここでは靖国神社への合祀が、戦没日本人にとっての「最大名誉」つまりは最大の恩賞であることは当然視されており、まずは日本人警察官に絞って合祀への突破口を開こうと考えたものであろう。

しかし内務大臣からの警察官戦死者の合祀の要請に対して、靖国神社の管理者である陸海軍とも消極的だった。特に海軍省軍務局では、この種の「合祀を許す」ことは、「是れ平時に於ける常務上の死亡者と、国家の大事たる戦役に斃れたる者とに同様の特典を与うるものにして、軽重顚倒《てんとう》是より甚しきはなし」として、「本件警察官吏を靖国神社に合祀の儀は之を認めず」という意見だった。すなわち「靖国神社は純然たる軍神の社」であるべきで、警官の合祀を認めるなら、やがては「其身分の如何を問わず悉く合祀せざるを得ざるに至り」、靖国神社本来の「軍神合祀の主義精神を没却するに至るべし」という激烈な反対論である。

結局陸海軍大臣のやりとりの結果、同一九一〇年八月の陸海軍大臣の内務大臣への「回答」は、「直接生蕃又は土匪の兵刃に斃れ、戦死同様の取扱を要するものに限り、其都度《そのつど》詮議の合祀の儀を決定することに可取計《とりはからうべし》」と、警察官の合祀を認めるハードルを高くして、それが軍人の「戦死同様」の者であったか否かを厳格に個別審査するというものであった(34)。ここには靖国神社への合祀を、国家によって強制動員された戦没軍人軍属の受ける特権的栄誉であるとする考え方が見られ、軍人の戦死と「同様」であることを非軍人の合祀の要件とするという方針が決められたのである。この方針は、この後基本的に第二次世界大戦の敗戦まで維持される考え方となった。

ところがこの回答が行なわれた翌年の一九一一年三月には、陸海軍省の姿勢も軟化して戦死警察官の合祀を認める方向に転じるようになる。この変化が生じたのは、今回は首相の桂太郎が兼務する拓殖局総裁から、警察官合祀の意向が示されたためであろうか。ともあれ陸海軍大臣が警察官の合祀に基本的に賛成し、陸軍大臣寺内正毅の提案に基づいて三月八日、宮内大臣を通じて「予《あらかじ》め、御内旨を伺置《うかがいおき》」、つまり明治天皇の意向を聞くということになった。宮内大臣渡辺千秋の天皇への説明は、

「従来台湾に於いて土匪討伐及び生蕃防禦に従事して死歿」した警察官だけでなく、「将来」のそれをも含めて、原則として合祀することにしたいと奏請したものだった。ところが天皇の意向は意外にも「思召《おぼしめし》、不被為在《ありとなされず》」、つまりは合祀に不賛成というものであった。明治天皇は靖国神社を、基本的に軍神の神社であると考えていたのであろうか。

三月一六日この宮内大臣からの回答を聞いて、三月二四日に拓殖局総裁の桂太郎は、身分の低い「巡査補」の死没者を合祀予定者名簿から「削除」して、再度警察官合祀の「御詮議」を陸海軍大臣で行なうことを要請する。合祀予定者五四一名の中で「削除」された巡査補は二四名であった。これを受けて陸相の寺内正毅は、拓殖局総裁からの「照会」内容を再度取り調べ、警官の合祀予定者名簿の中に意外にも「已に合祀済みの者」がいることを「発見」するとともに、名簿の中から「巡査補」と合祀済みの者を除いて、陸海軍大臣一致で合祀を決定・上奏することにしている(35)。結局台湾の戦没警察官は一部を除いて、朝鮮の「暴徒鎮圧」で死んだ軍人軍属とともに、同年五月の靖国神社臨時祭典で合祀された(36)。そして翌々年の一九一三（大正二）年一〇月には、病没した台湾警察官の特別合祀も行なわれている(37)。

日露戦争の「平和克服後」の満洲および韓国での抗日ゲリラ戦の開始はさらに深刻なものであった。これらの地では「逐次軍隊の引上と共に匪徒の類蜂起し、或は精鋭の武器を携え隊伍を組みて横行し、我に危害を与えたること少からず」という組織的反抗が見られたからである。そのためこの「匪徒鎮圧其他の危険の業務に従事」して「傷痍」「疾病」により「死歿」した軍人軍属雇員傭人に対し、政府は一九〇六（明治三九）年に「一時賜金」を与えることを決めている。(38) そして靖国神社でも、一九〇七年以降の「韓国暴徒鎮圧事件の為死歿したる陸軍軍人軍属」の合祀を、一九〇八年五月には始めたのであった。(39)

以上のような植民地化過程での軍人軍属・警察官などの対ゲリラ戦の死者を含めて、日清日露戦争によって、対外戦争の戦没者の上申資格と合祀審査の基準と手続きは、ほぼ確立したといえよう。

第3章　第一次世界大戦から満洲事変へ

1　一九一〇年代から二〇年代

靖国神社への批判の出現

日本の一九一〇〜二〇年代は、周辺諸地域への干渉や出兵はしばしば見られたものの、日本は大国化して国際的緊張は低下し、第一次世界大戦後の軍縮のなかで軍の地位は相対的に低下した時代である。靖国神社への合祀に関しても大正デモクラシーの風潮のなかで、吉野作造や角張東順《かくばりとうじゅん》などによる痛烈な批判が生じてくる。それらの批判は、日露戦争を経て日本が大国化し、維新期にはあった「立国」のための献身が、もはや日本の帝国主義化のための犠牲に変化していた状況に由来していたともいえる。またそれは、そうした日本の戦没者を神として祀ることへの違和感に基づいていた。吉野作造が次のような批判をしたことはよく知られている。吉野の友人の子供が、以前にその家で書生をしていた者が戦死した後に靖国神社の祭神として祀られたことを聞いて、どうしても納得しなかったという。というのはその書生は、吉野の友人によれば、「放蕩《ほうとう》で嘘言《うそつ》吐きで、金を胡麻化したり物を盗み出したり、手のつけられないやくざ者」であったからである。そこから吉野は、「何《ど》んなやくざ者でも戦争で死にさえすれば以前の罪は全部帳消しになって神様になれる」というのでは、「平和時代の良民」の道徳観を育てることにはならないだろうと批判している。(1)

また神社問題の論客でもあった、臨済宗妙心寺派の布教師・角張東順（月峰《げっぽう》）の批判も鋭いものだった。彼は一九二〇（大正九）年七月に地元山形で発行されていた新聞への連載コラムの中で、次のように述べていた。

権兵衛でも太郎作でも戦争にでて死にさえすれば靖国神社に合祀されて、神様と云う待遇を受け一ヶ年に数回のお祭りがして貰える、国の為めに死ねば神様だ、日本の神様程手続の簡単なものは無い、戦争のある毎に何万と云う神様が増して行くのである、神様の粗製濫造は日本の国の一特色である、真理のために死んだものや、世界的なる学者や人道の犠牲となったものは神様とはなれないのである、（中略）真理は何《ど》うでも好いのである、世界的公道は何うでも好いのである、国の為めになりさえすれば好いのである、日本と云う国ほど虫の好い国は無い。(2)

角張によれば、靖国神社はその祀られる人の普遍的価値の有無を問わず、人類的な「真理」や「人道の犠牲」となった者を神とはしないで、日本の国家的利益の犠牲者のみを神として賛美する神社であるという。それは「日本と云う国」が、ひたすら自国の利益追求のみを美化する「虫の好い国」であることを示していると、角張は批判したのであった。この論点は、靖国神社の現世主義的な非倫理性を突いている。角張のこうしたコラムがなぜ発禁にならなかったのか不思議な気もするが、靖国神社の合祀基準を真っ向から批判し、存在理由を否定するこのような根本的な意見は、おそらく大正デモクラシー期にのみ見られたものであろう。

「戦死」「戦地」中心の特別賜金

他方から見るとこの時代は、戦没者に関しては、その遺族の生活保障となる特別賜金や恩給の公務扶助料といった物的補償が、靖国神社への合祀より関心をもたれて、遺家族援護の改革が進んだ時代ともいえる。とはいえこれらの金銭的手当または補償の改革が、軍国主義の定着を図るような方向を向いていたことを見落とすことはできない。

この第一次世界大戦の死没者に対する特別賜金の賜与規則は、一九一四（大正三）年一二月〜翌年一月に策定されている。そこでは今回の戦役に従事した「陸海軍軍人軍属及雇員傭人等」の戦死者、および「自己の重大なる過失に因るに非ずして傷痍を受け若は疾病に罹り（中略）三年以内に死没したる」者は、その遺族に死没者特別賜金を給すると書かれていた[3]。必ずしも公務死とは限らない特別賜金支給の対象者を限定する、この「自己の重大なる過失に因るに非」ざる傷痍疾病死という文言はこの時はじめて出てくる。

その支給金額を定めた別表によれば、特別賜金を支給される死没者は給料月額によって大将以下一九階級に区分されており、最下級は給料月額一二円未満の層である。一九階級の区分は前回の日露戦争時の二〇階級とあまり変わらない。その一九段階の階級が、「殊勲死歿者」および「戦死者（戦傷後の死歿者を含む）」「戦地死歿者（戦地に於ける傷痍若は疾病に基因し死歿したる者を含む）」「其の他の死歿者」の四段階に区分されていた。「其の他の死歿者」とは戦役関係の死没者で、非戦地・内地の死没者を意味するものであろう。同一の軍隊内階級では、一番目の「殊勲死歿者」の賜金の額が最も多く、二番目の「戦死者」の支給額がその半分、三番目の「戦地死歿者」の額は「戦死者」の半額、そして四番目の「其の他の死歿者」の場合は「戦地死歿者」の半分という形で、おおよそ一段階下がるごとに金額が約半額に減額される方式となっている。上から二番目の「戦地死歿者」から最後の「其の他の死歿者」までの下賜される金額は、日露戦争の時と変わらない(4)。やはり生前の身分とその死の態様で、支給金額に明確な序列がつけられているのである。

なお特別賜金の支給金額は、一九一八年一〇月にはインフレに対応して大幅に値上げされるとともに、「戦死者（戦傷後の死歿者を含む）」「戦地死歿者（戦地に於ける傷痍若は疾病に基因し死歿したる者を含む）」「其の他の死歿者」の三段階となっている。また三段階の支給額の格差は、以前より緩やかになっていた。とはいえ陸軍二等卒で、「戦死者」は一〇〇〇円、「戦地死歿者」は六七〇円、「其の他の死歿者」は二六五円であり(5)、「其の他の死歿者」でがくんと低くなる傾向はあった。この特別賜金の規定は、基本的に日中全面戦争期まで維持されることになる。

第一次世界大戦期の合祀資格

日本の第一次世界大戦は、一九一四（大正三）年の一週間あまりの青島《チンタオ》攻略だけでなく、「戦地」ではないものの、連合国としての協同作戦という位置づけで、ドイツ領であった南太平洋諸島に艦隊を送り軍政をしいた地域もあった。第一次世界大戦期からその後にかけて各部隊に示された合祀候補者の資格の中で、最初に判明する合祀資格は、戦闘が一段落した後の一九一六年に海軍大臣加藤友三郎《ともさぶろう》名で出された令達であった。それは一九一五年中に死没した以下に掲げる「事項に該当する軍人軍属等」を合祀する予定だというものである。

一　戦死し又は戦闘に因《よ》る負傷の為死歿《しぼつ》したるとき

二　公務の為傷痍《しょうい》を受け若《もし》くは疾病に罹《かか》り、又は戦地に於て若は公務旅行中流行病に罹り死歿したる者

三　公務執行中不慮の災害に罹り之が為死歿したる者(6)

これまでの合祀資格と比べこの文面で特徴的なのは、戦闘がなかった南洋方面派遣の艦隊での死没者を含むことを考慮してか、「戦地」「非戦地」の区別をはっきりさせていない点である。この当時日本海軍の南洋群島占領をめぐってはイギリスとの軋轢《あつれき》があり、南洋群島を戦域範囲に含むか否かの問題は、同じ連合国内での対英対米交渉の課題となっており(7)、日本が一方的に戦地指定することは連合国内での紛争を招くおそれがあった。そこで合祀資格者には、戦地指定されない地域での公務傷病死、不慮災害死や、連合国間の交渉のため西欧に派遣された「公務旅行中」に「流行病に罹り死歿」した者などが繰り込まれているのである。戦闘はしていないものの、艦隊派遣した戦地指定のない地域での死没者が、「戦病死」扱いされているともいえる。

これに対して、第一次大戦の死没者の陸軍の靖国神社への合祀資格は、一九二〇年一一月の西発第

一四〇四号の陸軍大臣男爵田中義一《たなかぎいち》名で出された「戦死者等靖国神社へ合祀の件達」である。ここでは添附書類甲号・乙号の書式に従って、戦没者の合祀を本省に上申することが求められている。しかしなぜか大臣名で示された本文中の上申資格は、甲号の戦死者・戦傷死者については同一だが、乙号書式での「注意」の文面に記された特別合祀の上申資格と異なっている。このように大臣が本文で示した上申資格と添附書類の資格とが異なる例は、ほかに例がない。ちなみに大臣名の本文の合祀有資格者に関する記述を示せば、以下の通り。

大正三年乃至九年戦役に関し、

一　戦死又は戦傷の為死歿したる者
二　戦役に関する公務の為傷痍を受け若は疾病に罹り之が為死歿したる者
三　戦地に於て流行病に罹り、又は戦地以外の地に於て戦役に関する公務執行中流行病に罹り之が為死歿したる者
四　戦役に関する公務執行中避くべからざる災厄に因り死歿したる者
五　戦地に於て自殺したる者等にして、其の情状合祀を至当と認むべき者

これまでの合祀資格と比べて、一見して「戦地」における条項が少ない（第三項と第五項のみ）のが見て取れる。第二項と第四項の「戦役に関する」は非戦地を中心とするのであろうか、戦地も含むのかが明確ではない。これに対し添付文書である特別合祀の基準を示す乙号様式「靖国神社特別合祀陸軍軍人軍属名簿」の書式の「注意」一を示せば、以下の通り。なお当然ながら、ここでは甲号様式

記載の戦死、戦傷死は省かれている。

（イ）戦地に於て流行病に罹り、又は自己の重大なる過失に因らずして傷痍を受け若は疾病に罹り、之が為死歿したる者

（ロ）戦地以外の地に於て戦役に関する公務の為傷痍を受け若は疾病に罹り、之が為死歿したる者

（ハ）戦地以外の地に於て戦役に関する公務執行中流行病に罹り又は不慮の災厄に因り死歿したる者

（ニ）戦場に於て負傷等の為身体の自由を失い、敵地に護送せられ死歿したる者。又は戦地に於て自殺したる者等にして其の情状合祀を至当と認むべき者(8)

この添附書類で示された特別合祀の有資格者中で明確に大臣名の本文にもあるものは、戦地においては、流行病感染死と「情状」ある自殺者の二点であり、非戦地においては、戦役に関する公務執行中の流行病感染死の一点である。添附書類にあって大臣名本文にないのは、戦地における傷痍疾病死に関する文章中に、「自己の重大なる過失」によらない傷痍疾病死という限定する文言が欠けている点であり、捕虜死没者の条項がない点である。また大臣名本文に記載されているのは、戦地・非戦地を明示しない戦役に関する公務傷痍・疾病死と、戦役に関する公務執行中の不慮の厄災死であるが、これらは添附書類では非戦地であることが明示されている。

しかし今回の乙号添附書類の注意一の特徴は、前回の日露戦争基準と比較すると、おもにその

（イ）に見られるように、戦地における死の類型がきわめて簡略化されている点である。前回の日露戦争基準では戦地においては、公務死・災害死・伝染病死・公傷病死・死因不明・不慮の傷痍死・平病死者・捕虜死没者が合祀対象として明記されていたのに、今回は戦地における流行病罹患死と「自己の重大なる過失に因ら」ない傷痍疾病死と捕虜死没の三点のみに集約されているのである。つまりこのことは、合祀のための上申書類のフォームからでは、合祀審査の基準を推測しにくい事態が発生しているといえよう。また、戦地に関しては合祀の可否判定の審査する側の、裁量の余地が大きくなっているとも見える。

この戦地における「自己の重大なる過失に因ら」ない傷痍疾病死の文言は、先に出された第一次世界大戦期の特別賜金賜与規則を踏襲したものであろう。これによって、戦地での死没者の合祀の例外規定の文言が確定したと思われ、これ以降の合祀資格に継承されていく。また捕虜となった死没者の合祀規定は、一九二〇年の添附書類にはあったが、それ以降の合祀未済者調査の添附書類には欠けている。それは、この第一次世界大戦では日本軍から捕虜が出なかったゆえであろう。しかし少なくとも後の一九二九（昭和四）〜三〇年の俘虜《ふりょ》の待遇条約会議における、軍を代表する日本全権の態度から考えても、この時点で捕虜問題での政策転換が始まったとは想定しにくい。

何より重大な問題は、田中義一大臣名で現地部隊に公表された合祀資格が、誤っていると思われることである。この点は、その後に行なわれた二回の合祀未済者の調査においては、基本的に大臣名の本文でなく、添附書類の文面が踏襲されていることから推測した。そして大臣名の本文の誤りが見逃されているということは、一方で靖国神社への根底的な批判が生まれ、他方で合祀より生活問題である恩給のほうに強く関心が向けられていた、この時代を象徴することのように見える。

なお第一次世界大戦終了後合祀未済者に関する調査が行なわれたが、そこでは南洋群島やシベリア出兵の戦没者を含むため、「戦地若は派遣地」と「派遣地」の文言が加わり、「戦地以外の地」での戦没者の合祀範囲に関してだけは、「大正九年一月十日の平和克復の日以前に於て」の戦時期の制限がつけ加えられている。(9) つまり「戦地以外の地」における公務傷病死や公務遂行中の伝染病罹患死・不慮の厄災死は、英米との協同作戦を行なった第一次大戦の戦時中に限ることにしたのであった。これは戦地・戦域指定ができなかった地域のある第一次世界大戦期のみの合祀資格と考えたからであろう。

なお合祀の審査にあたっては、遅くとも大正末期から靖国神社への合祀判定のための「戦没者調査票」には、死没者本人の「身分」や「死亡状況」（戦死、戦傷死、その他〈在隊死、在郷死、準在郷死といった死亡区分、死亡年月日、死亡場所など〉）だけでなく、その事実を証明する添付資料を添える方式が生じていた模様である。その添付資料には、「死亡者原簿」「戦時死亡者生死不明者報告」「戦時死亡者調書　完・不完」「現認事実証明書　完・不完」「病歴書」「病床日誌」などが含まれ、死没原因を証明・確認書類で詳細に裏付けるようになっていたのである。(10)

恩給法の成立と戦闘公務・普通公務

大正デモクラシー期には、傷痍軍人や戦没者の遺族が受ける恩給額が低い問題は、広く社会的関心をよび、政治的な課題としても重視されていた。この問題に対処したのが、軍人恩給を含む各種恩給を統一した一九二三（大正一二）年の恩給法においてである。

恩給法第四九条では「公務傷病の原因を分って、戦闘又は戦闘に準ずべき公務と普通公務とす」とし、恩給法施行令の第二三条で戦闘公務扱いの「戦闘に準ずべき公務に因る傷痍疾病」の内容を、六ケースにわたって詳述している。六ケースとは、「集団を為す馬賊海賊蛮人等の討伐中」に受けた「傷痍疾病」や、航空機潜水艦乗務中の事故、脱獄囚逮捕などの危難などであり、軍人・非軍人にかかわらず適用されるものであった。この「戦闘公務」認定の条件はかなり厳しく限定されていて、裁量の余地がほとんどなかったことがわかる。

他方で「普通公務」に関しては恩給法第四八条で三ケースが認められているが、その中には「公務員」としての「特別の事情に関連」して「不慮の災厄」を受け「傷痍」または「疾病」などにより死没し、恩給審査会が公務起因と「同視すべきもの」と議決した場合というケースも含まれている(11)。つまり「普通公務」の場合は「戦闘公務」に比べて、恩給審査会の議決という形でその認定に一定の裁量の余地があったと考えられよう。

そして扶助料の金額は、大幅に増額されたうえ、恩給権をもたない者が「戦闘又は戦闘に準ずべき公務」で死亡した時には、最低限度の年限を勤め上げた恩給権者の「普通恩給年額の全額」が支給され、同様の者が「普通公務」で死亡した時には、同じく「普通恩給年額の十分の八に相当する額」が遺族に支給されることになった。その結果、一九〇二（明治三五）年の軍人恩給法の改正以来据え置かれていた遺族への年金である公務扶助料は、陸軍兵卒の戦闘公務で年額四五円だったのが一挙に一五〇円に、普通公務の場合はやはり年額三〇円から一二〇円に増額され、恩給権者の非公務死の場合も年額一五円だったのが七五円に増額されている。[12]

こうした恩給法の成立による改定によっても、恩給法の公務扶助料があくまで公務死を要件としているのに対し、靖国神社への合祀が戦地・事変地での死没には「自己の重大なる過失に因ら」ない限り、公務死でなくとも広く合祀を認めるという違いは残った。とはいえ解釈によっては、戦地での傷痍疾病の死没者は、「普通公務」での公務死認定がなされる可能性はある。

大正デモクラシー下で成立した恩給法は、恩給の請求権者の権利性を強めるものであったといわれる。恩給局長の裁定に不服がある時には、請求者は内閣総理大臣への訴願か行政裁判所への出訴を行なうことができるようになった。[13] 恩給は国家から与えられる恩典でなく、「公務員」（恩給法ではこの用語が用いられている）の国家補償の権利を意味するものとなったのである。しかし職業軍人でない徴兵・応召軍人が死没した場合は、戦闘公務か普通公務と認定される死に方でなければ、遺族が公務扶助料と呼ばれる年金を支給される可能性はほとんどなく、権利の強化は他面で軍隊内での国家への忠誠競争を強める面をもっていたといえよう。

またシベリア出兵時のニコラエフスク（尼港）で起きた日本人の虐殺事件（一九二〇年）では、陸海軍軍人・軍属、領事館員、日本人居留民などが殺される結果となり、その後靖国神社にはその軍人軍属、領事館員は合祀されたが、民間人の居留民は合祀されなかった。この件については、居留民の中の在郷軍人は、日本軍の指揮下で行動して戦死した証拠があるので、合祀されたいとの請願があったが、[14]認められていない。これに対し、一九二八（昭和三）年の山東《さんとう》出兵での戦死や戦病死した軍人軍属は、翌一九二九年には合祀または特別合祀されている。特別合祀された戦病死者の多くは流行病・伝染病患者や急性の病気であり、肺結核で死亡した者は軒並み「公務に起因せず」と判定されているが、戦地の死没者として合祀上申がされている。[15]合祀された中には「公務の為め躁鬱《そううつ》病に罹り」事変地の兵站《へいたん》病院にて死亡という、「公務」起因の「鬱病」による自殺と推定される海軍機関特務少尉の特別合祀も含まれていた。[16]合祀については、相対的に軍人には有利な判定が下されているようである。

2　満洲事変期

満洲事変と上申資格

満洲事変は後から見ると一五年戦争の発端に位置するものであったが、靖国神社への合祀上申資格についていえば、満洲事変期には大きな変動はなく、第一次世界大戦期の上申基準が継承されている面が強かったと思われる。一九三二（昭和七）年一月陸軍大臣荒木貞夫《あらきさだお》名で出された陸普第一二七号「戦死者等靖国神社へ合祀の件達」は、次の通り。

一　戦死又は戦傷の為死歿《しぼつ》したる者

二　事変地に於《おい》て流行病に罹《かか》り、又は自己の重大なる過失に因《よ》らずして傷痍を受け若《もし》くは疾病に罹り、之が為死歿したる者

三　事変地以外の地に於て、事変に関する公務の為、傷痍を受け若は疾病に罹り之が為死歿したる者

四　事変地以外の地に於て、事変に関する公務執行中、流行病に罹り又は不慮の災厄に因り死歿したる者

五　事変地に於て自殺したる者等にして　其の情状合祀を至当と認むべき者(1)

以上、大きくは第一次世界大戦期の合祀資格の「戦地」を「事変地」と変えただけの規定であるが、「事変地」なる新しい概念が登場し、これが日中全面戦争期まで一〇年にわたって使われている。また、敵陣での死没捕虜の合祀条項は復活していない。その後満洲事変（第一次上海事変を含む）の戦没者に対して、その一〇ヶ月後に陸軍次官柳川平助《やながわへいすけ》名で出された一九三二年一一月付けの陸普第二四二六号「戦死者等靖国神社合祀未済の者取調の件陸軍一般への通牒」では、上申資格の変更が見られる。それは上記の第四項目が削除されて、非戦地・非事変地での死没者の規定は二項から一項に統合され、その上申資格を公務傷病死に限ったものであった(2)。ただし新基準の適用にあたっては、この当時は公務傷病死の内容を広く取っていることも考えられなくはない。たとえば、一九三二年二月四日漢口《かんこう》駐在武官の海軍中佐が脳溢血《のういっけつ》で死亡し、それは非事変地での平病死とも思われるが、「事変に関する勤務中」として海軍軍令部から合祀申請が出されている(3)。

この一九三二年一一月の上申資格の第三項の「事変地以外」での「死歿したる者」の中に、公務傷病に加えて「避くべからざる災厄」による死没者を復活させた改訂を加えたのが、一九三八年の改定であり、(4)これが基本方針としては敗戦まで維持されることになる。しかしこの時期に関しては、前述の通り上申書類のみでは合否判定せず、病没・自殺などの場合は、詳細な「事実調書」「病歴書」を提出させていた。「事実調書」では「入隊前」の「罹病の有無」や入隊後の事変勤務以前の「健康状態」、事変勤務については「勤務の種類と期間」について明らかにし、死没原因を特定し、入院死亡した者については「病歴書」を提出させ、その病気が「公務基因」であることを「立証すべき書類」や、それがなければ「原因を詳記」させ、発病（受傷）の年月日、場所、最初の症状、病名決定後の症状、病状経過、死亡の年月日と場所などを記すことを求めていた。自殺者の場合は、当時の状況、原因と認められる事項、遺書などに関して「詳記」するとされている。(5)おそらく細かい合祀判定のための事例が蓄積されていたものと思われる。

捕虜待遇問題と領事館警察官の合祀

一五年戦争期の日本軍には捕虜となることの禁忌が強まるが、満洲事変がその転回点となった。一九二九（昭和四）年にジュネーブで開かれた万国赤十字会議では、戦地で敵味方なく傷病兵を看護する赤十字条約の改定と、俘虜の待遇改善に関する条約の二つが審議された。この中で前者の条約の改定についてては日本側も肯定的であり、まだ修正・妥協の余地はあったが、後者の条約に関しては日本側は妥協の余地少なく、日本全権代表は難しい立場に追い込まれる。対立点はいくつもあったが、一例を挙げると原案では「俘虜の処罰」を制限して「体刑暗室及残酷なる罰の禁止」を規定し、拘留三〇日を最上限の懲罰とするものだった。もしこの原案が通れば、これは日本の従来の国内法の陸軍監獄令、俘虜取締規則などに抵触し、国内法を改正しなければならなくなる。

とはいえジュネーブ会議の審議において、日本全権代表が「之に反対するとき野蛮国扱にせらるるの虞《おそれ》あり」という状況が目に見えていて、日本代表はやむなく「一般的留保以外に別段発言せざりき」という態度をとったという(6)。欧米を中心とした国際社会と日本との、捕虜とその処罰の制限に関する認識の落差がうかがわれる事実である。ただしこの時、陸海軍委員を含む日本全権代表が考えていた選択肢は、いくつかの条項について留保して調印するか、無留保で調印するかのどちらかであって、調印を拒むことは考えられていなかった。こうしたなかで日本全権代表は国際圧力を感じてか、赤十字条約については一部留保して調印し、捕虜待遇条約については無留保で調印する(7)。しかしこれ以降、国内法の改正問題を抱えた捕虜の待遇に関するジュネーブ条約の批准には、陸海軍は消極的となった(8)。

このジュネーブ条約の批准問題が、国際連盟脱退とあいまって日本軍の捕虜政策の明確な転換のきっかけとなったようである。名誉の捕虜もいるという考え方が失われ、もともとあった捕虜となることを蔑む価値観が表面化してくるのである。そして赤十字条約と、俘虜の待遇改善に関する条約の二つのセットのうち、前者だけが一九三四年一〇月に批准されて後者が批准されないことが決まった後の同年一一月に、海軍次官から外務次官へ「俘虜条約に対する意見」が伝達される。それは、「帝国軍人の観念よりすれば、俘虜たることは予想せざるに反し、外国軍人の観念に於ては必ずしも然らず、従て本条約は形式は相互的なるも実質上は我方のみ義務を負う片務的のものなり」という、日本兵が捕虜となることを否定するものだった。(9) これは一九二九年のジュネーブ会議中の日本全権代表の意見ともかけ離れており、満洲事変をはさむ数年で海軍がこのような方針に転換したものと思われる。

　一九三二年、上海事変で捕虜となり捕虜交換で日本軍に引き渡された後にこれを恥じて自決した、空閑《くが》昇《のぼる》少佐の事件が起こる。その空閑昇少佐は、上記の荒木陸相の発表した合祀基準の第五項の「事変地に於て自殺したる者等にして、其の情状合祀を至当と認むべき者」と認定されて、特別合祀されることになった。空閑昇少佐の物語は演劇や映画となり、喧伝《けんでん》されるようになる。(10) 満洲事変以降の敵陣での死没捕虜の合祀を認めない方針は、その延長上にあった。

　また、満洲事変の開始は、中国東北部各地での反満抗日運動の勃興をもたらし、それを討伐する関東庁警察官の活躍も報じられる。こうしたなかで、「匪賊《ひぞく》」の襲撃に拳銃などで応戦し、力戦奮闘の結果戦死した川添シマが、民間人女性としてはきわめてまれに合祀されたのは(11)、関東庁警察官の妻であったことに関連しよう。なお川添シマに関しては、彼女を主人公にした映画「靖国神社の女神」も製作されている。(12)

　また反満抗日運動の発展のなかで、領事館警察の警察官の戦死者も増加する。この戦死した領事館警察官を、靖国神社に合祀する手続きは、陸軍省副官から外務省官房人事課への問い合わせに対する現地領事の回答によって、比較的スムースに進行しているようである。一九三二年に戦死した警察官は、間島《かんとう》での「共匪の暴動」、「大刀会匪《だいとうかい》」との戦闘などによる殉職者であったが(13)、やがてはその領事館警察官の殉職が華北分離工作に関連した華北地域に広がるようになる。

しかし一方ではその合祀の上申書を読むと、いずれもそれら警察官が勇猛果敢に活躍して戦死した事例ばかりであり、警察官は「匪賊」討伐で特段の貢献があり「戦死」した場合にのみ、特別合祀するというルールがあったと見える(14)。明治末年の台湾の警察官に対する陸海軍省の合意が生きていたのである。ただしその場合でも「殉職巡査の靖国神社合祀」に関しては、領事館外務省が「毎年一回陸軍省の通牒を俟《ま》ち手続する」という、いわばルーティン化した体制ができるようになっているのがわかる(15)。なおこのように合祀手続きがルーティン化されていた領事館警察官や満鉄社員などに関しては、日中全面戦争期には軍属制度の改正が行なわれそれらの身分の者が「悉《ことごと》く軍属に任用」されたのであった(16)。

そして一九三五年一月一日以降、こうした「満洲国に於て匪賊の討伐」などで死没した「陸海軍軍人軍属嘱託者及職工の遺族」には、「臨時特別賜金を賜与」する制度も発足することになる(17)。

第4章　日中全面戦争から敗戦まで——総動員体制

1　遺族援護と顕忠府建設

戦闘公務の倍率の激増

日中全面戦争の開始は、戦争の規模・性格を変えるものであった。そこではこれまでにない膨大な兵士が動員され、戦没することが恒常化する事態が生まれる。このなかで恩給の支給基準も、前線の底辺の軍人戦死者を中心とするものへと変容していくように見える。

恩給法の公務扶助料の額も、一五年戦争期には二度改定されている。第一回目は一九三八（昭和一三）年の恩給法改正であり、公務死者の遺族に対する扶助料を大幅に増額している。特に軍人が戦闘公務による傷痍疾病死を遂げた場合、兵の場合は従来、支給される最下限の年限の普通恩給年額の全額である一五〇円が給せられることになっていた。それを一九三八年の改訂では、その普通恩給の半額（これは恩給権者が公務傷病死でない非公死の時に、遺族がもらえる扶助料）を基準に、その三六割が給せられることになる。つまり兵が戦闘公務で死んだ場合、普通恩給年額の最低額の半額である七五円の三・六倍となる年額二七〇円が遺族に与えられる。しかもこれに家族加給が付き、遺家族が二人までは加給は付かないが、三人の時には二・五割増しの三三七・五円が、四人の時には三・五割増しの三六四・五円が、五人以上の時には四・五割増しの三九一・五円が給せられることになった。この家族加給には当時の「革新」論の一部にあった、生活給的な考え方がうかがわれる。兵の死が普通公務である場合でも、従来は普通恩給年額の一〇分の八の一二〇円が支給されていたのであるが、今回改訂では恩給権者の非公死の扶助料額の二八・八割である二一六円が給せられることになり、家族加給も行なわれる。(1)この普通恩給の半額にかける倍率は、将官クラスだと戦闘公務で二四割で低くなり、軍隊階級のなかで下の階級の者に厚く上に薄い形となっていた。

第二回目の改定は、一九四二年の恩給法改正であり、戦闘公務死の倍率は兵でなんと五一割と高騰し、年額で三八二・五円に、普通公務死の倍率は兵で四〇・八割となり年額三〇六円となっている。ただし家族加給は抑制されて、兵の戦闘公務死の場合、遺家族三人で二・五割増しの四七八円、それより家族数が一人増えるごとに一割増しとなっている。(2)戦争末期には大量の兵の死を前にして、兵の戦闘公務死・普通公務死の倍率を極端に上げることで、兵士と遺族の了解を取りつけ、兵の生命を金で買うような政策を展開しているのであった。

なお特別賜金の規定は、アジア太平洋戦争期の一九四二年に改正されるが、支給金額は軍隊内階級と死に方により差があった。改正後の規定での死没区分には、内地への敵の空襲で死没した場合が追加されている。支給金額は、戦死または戦地以外の場所で敵の兵器（空襲など）で死没する場合が最も支給金額が高く、「戦地に於て戦傷以外の傷痍」「疾病」により死没する場合がこれに次ぎ、非戦地で敵の兵器以外の理由による「傷痍」「疾病」などによる死没は最も低く、支給金額に段階的な格差があった。非戦地での空襲被害も、その死没者が軍人軍属である限り、戦地での戦死と同等の位置づけとなっており、陸軍二等兵でも一三〇〇円が支給される。(3) これに比べると一般国民が空襲などで死んだ時支給されるのは、やはり一九四二年に制定された戦時災害保護法によれば一人当たり五〇〇円の遺族給与金であった。(4)

他方では靖国神社に新祭神が合祀される臨時大祭に際し、一祭神二名の参列を認められた遺族に通知する時、通知先に妻を優先させないで、戸籍に記された戸主などに通知することには問題があるとの注意もされている。公務扶助料の受給者の優先順位は妻、子、家督相続人、父、母と決まっているのに、この順番を変えて合祀の通知をすると、遺族間の紛争を招くおそれがあったからである。(5) つまり民衆レベルではしばしば、靖国神社への合祀通知状の宛先が公務扶助料の受給者の優先順位と混同されているため、この種の紛争を招いたのである。ともあれ社会的に戦没者の合祀は、恩給の支給とセットで考えられるようになっていた。

顕忠府と戦没合祀者の写真献納

従来から戦没者の慰霊の問題は、戦没者遺族の援護問題の一環として行政的には位置づけられていたが、この種の政策が整備されるのは一九三八（昭和一三）年を画期としている。この年には軍事扶助の中枢機関として恩賜財団軍人援護会が組織されて各府県に支部が作られ、市区町村にあった各種の軍事援護団体は銃後奉公会に統一される。そして忠魂碑《ちゅうこんひ》、招魂社《しょうこんしゃ》、忠霊塔《ちゅうれいとう》の建設といった慰霊施設に関しても、忠魂碑の建設は市区町村ごとに一基に限定し、招魂社は府県で基本的には一社の護国神社に統合されていく。戦没者の公的な慰霊祭も出身市町村で実施され、こうしたなかで靖国神社は、末端の忠魂碑、府県単位の護国神社を従え、靖国神社での合祀祭が各種慰霊祭の頂点と見られる、中心的な慰霊施設として位置づけ直されるようになっていく。

日中全面戦争期には、一方では軍神の神社としての靖国神社の与える栄誉は、これまでになく高まる傾向にあった。一九三九年春には、新たな祭神を合祀する靖国神社の臨時大祭に天皇が赴き、参拝する時間に合わせて、「ラジオ、サイレン、鐘」を鳴らして「全国民」が一分間の「黙禱」をすることを、内閣情報部では企画し開始するのであった(6)。

またこれとは別に、宮内省では一九三五年一月、皇居内に、「満洲事変及上海事変を始め、昭和の御代の事変若は戦役に於ける皇軍将士等殉国の誠を後世に伝えしめらるる為め、新御府建設」の計画を公表する。その中には満洲事変以来の戦没者で、靖国神社に合祀された者の官姓名、死没の場所と年月日を記した名簿とその写真を収蔵する計画が含まれており、名簿の作成と祭神の写真の「献納」が求められた。ただしこの時点では、写真「献納」は准士官以上の合祀された者が対象であり、写真の複製作業は、陸軍関係者の分は陸地測量部に、海軍その他は水路部に委託することとされていた(7)。この満洲事変、上海事変などに関する軍事博物館は、顕忠府《けんちゅうふ》と名づけられて戦没者の遺書や敵の戦利品などの展示の企画が進められ(8)、一九三七年はじめには完成して、従六位、勲六等以上の身分の者に、生涯で一回限りの事前許可制での拝観（事前許可にあたっては、過去の拝観者歴をチェックしていた）が始まっている。[9]拝観者には、軍学校の生徒・学生の集団拝観が多かったようだが、戦後には幻となった皇居内の軍事博物館である。

靖国神社に合祀された者の名簿と写真を収蔵する施設は、顕忠府の中に置かれるものであった。一九三九年一月の陸軍省副官の通牒《つうちょう》では、写真の「御収蔵」は天皇の「御内意」に基づくものとして、日中全面戦争で死没して合祀される下士官、兵、軍属の写真と名簿にまで、収集範囲が拡大されている。そのさい、日中全面戦争期には合祀がなかなか進まないためか、今後靖国神社に合祀される可能性のある、戦没者特別賜金の賜与対象者（「戦死者」と「戦地死没者」であろう）に収集対象が広げられている（もし合祀されない場合は、その写真を取り除くこととした）。[10]ここでは名簿より写真の収集に力点が置かれるようになっている。そして同年八月には天皇の「思召」に基づいて、日中全面戦争を踏まえ、顕忠府の増築と「将兵の忠勇義烈」を示す事変関係の兵器、記録等の収集が指示されるが、そこで献納品の第一に挙げられているのは「支那事変戦病死者の写真」であった。[11]これはいつも天皇の身近に、靖国神社に合祀された祭神のアルバムを置く施設を作ろうという意図のものであろうか。

この写真収集の督励については、太平洋戦争下でも陸軍省副官からの通牒が出されており、そこでも天皇の「御内意あらせられる趣」が強調されている。[12]さらに戦争末期の一九四五年二月にも、これまでの写真の「蒐集《しゅうしゅう》状況は捗々《はかばか》しからざるものあり」として、「時機を遷延《せんえん》せば、蒐集益々困難となるべく」、これでは「優渥《ゆうあく》なる聖慮」に添えないことになるとして、新たに「戦没者写真蒐集処理要領」を策定している。そこではすでに「靖国神社に合祀せられたる者」のみならず、合祀がほぼ確実な者の写真の「蒐集」が督励されていた[13]。結局のところ、宮内大臣からこの「御府献納写真蒐集中止」と写真の「遺族」への「返戻」が指示されたのは、敗戦の三ヶ月後の一九四五年一一月九日のことであった[14]。

2　合祀審査の厳格化

阿南陸軍次官通牒

日中全面戦争期には戦没者である合祀候補者の数は激増して、合祀審査の適格性、合祀基準の一貫性を確保しながら、その合否判定の大量処理を進めることが難しい状況が生まれてくる。こうしたなかでこの時期から見られる方針が、合祀審査の厳格化であった。靖国の英霊への崇敬を国民に強制する以上、祀《まつ》られる祭神は忠君愛国の基準にふさわしい者でなくてはならないからである。その厳格化方針を代表するのは、一九四〇（昭和一五）年八月の阿南惟幾《あなみこれちか》陸軍次官の通牒《つうちょう》・陸支普第一七二一号であろう[1]。阿南次官の通牒は、戦没者の飛躍的増大のなかで靖国神社への合祀ということを軽く扱う姿勢が、今や軍の内部にじわじわと広がっていることに対する強い危機感に根差したものである。

彼はその靖国神社への「合祀は、戦役事変に際し国家の大事に斃《たお》れたる者に対する神聖無比の恩典なり」という観点を強く押し出して、所属部隊から上げられてくる「合祀上申」の中に、不適当なものが数多くあると批判している。上申書の中には、その死没状況を粉飾して「強《しい》て事由を戦役事変に関連せしめ、或《あるい》は充分なる詮議を経ずして、戦地に在るもの必ず合祀せらるべきものなりと為すが如き観念の下に上申」するもの、あるいは部隊長が合祀上申の「決裁を下僚に委して放任しあるにあらざるやを疑わしむるものあり」として、現地軍部隊が真に合祀資格に合致するか否かを深く検討しないで、時には事実を偽って上申してくる合祀上申の実態を厳しく指摘したものであった。

すなわち上申されるべき「資格者は軍人、軍属たること、及死歿の原因事変勤務に直接基因するものなるを要」すとして、身分において軍属は「必任義務（国民に強制的に兵役義務を課すること）の軍人とは其の本質を異にする」もので、特に無宣誓軍属と軍人との違いは大きいとしている。この文書では、特に死没原因に強くこだわっており、「内地に於ける凡《あらゆ》る平病を、事変勤務直接基因と称し得ざるべく」として「内地」での「平病」死者と思われる者の合祀申請に疑問を呈し、また死没の「直接原因を捕捉記述せざるもの」、「発病、初診、入院等の期日関係、竝《ならびに》此の間に於ける本人の戦闘行動又は勤務状況抽象的にして、為に事実に即して審査を遂げ得ざるもの」などの、死没状況が曖昧で抽象的な記述になっている上申を激しく批判している。また、「事変地に於ても勤務忌避の結果自殺したる者、軍紀を紊《みだ》り脱営逃亡して土匪《どひ》等に殺害せられたるが如き者」といった自殺者・逃亡兵の死者は断じて合祀の「有資格者」ではないのに、事情を粉飾して合祀しようとしていることを疑っている。

ここでは合祀審査の純粋化を求める阿南の真情が人に訴えかける力をもっており、そのための通牒はその後の合祀審査文書にしばしば引用され、影響力があったことがうかがわれる。この阿南次官の通牒は、合祀の上申資格を遺家族援護行政という枠組みから独立させて、厳格な基準に従うことを求めるものであった。同時にそれが軍人と軍属の間での身分的差別を強め、病死を含む死没原因の違いを細かく区分し、上申書の記載を綿密化する方向に帰結しているといえよう。

しかし病死に関していえば、ここで疑われているように、いわゆる内部疾患系の「肺結核、胃癌《がん》、胃潰瘍《かいよう》、痔瘻《じろう》、胆石《たんせき》病、糖尿病等」、さらには「脳溢血《のういつけつ》、心臓麻痺《まひ》等にて死没」した場合、それが「事変勤務」の影響であるか否かは、現地での部隊の置かれた居住環境や食糧補給の状況、衛生・医療設備の有無などが大きく異なっていること考えると、一概に無関係と決めつけることはできないだろう。精神病についても、阿南次官の文書にあるように「梅毒等に基因する」可能性を過大視するのも適当ではないだろう。なお一九四二年の陸軍省副官の通牒では、「戦地若《もしく》は事変地に於て結核性疾患又は癩《らい》を発病したるとき」は「之を一等症として取扱ふ」と、評価に変化が見られた(2)。この当時には、どちらも伝染病に準ずる伝染性の強い病気と考えられていたのであろう。

戦没者を出した現地軍部隊は、戦友である戦没者の処遇を遺族に恩給の出る戦病死、公務死とすることに多くは好意的であった。一例を挙げれば、実際に戦争末期の一九四四年三月に「腎臓疾患」による戦没者を出した現地部隊では、「事実証明書」の中でそれを「平病死」としてではなく「公務死」として認定する理由をこと細かく申し述べている。それによれば戦没者にはもともと「肝臓疾患の既往症」があったのであるが、「輸送船の狭隘《きょうあい》なる船室」に押し込められ、上陸すれば「気温急激低下」して「酷寒」のなかにあり、食糧事情も極度に悪く「非衛生的環境」の下、「休養の暇」もなかったため「体力極度に衰弱し発病せるもの」であるとして、「真に公務に起因せるものと認む」としている。(3)

しかし他方で戦争末期の一九四五年七月の時点でも陸軍省人事局長は、方面軍の参謀副長・高級参謀等を前に「事務上陥り易き過誤」として、「死歿《しぼつ》者にして在内地、平病」であるにもかかわらず公務死扱いにしたり、「或は自殺者に対し理由を枉《ま》げ任官進級の恩遇に浴せしめんとする如き例事あり」と「口演」しており、現地部隊の上申内容を疑っている。(4) 実際に戦争末期においても、内地での脳溢血などの平病死を疑われる死没者に対し、「責任観念旺盛」などの理由でもって「公務病死（戦病死）」として死亡診断書が出されている例は数多く見られ、自殺者も「戦病死」として扱っている例もある。(5) 戦没者に対する現地軍部隊の同情的な理解と軍中央の厳しい姿勢との間には、しばしば距離があったといえよう。

合祀者資格調査委員会の成立

この合祀審査の厳格化を具体的に担ったのは、一九三八（昭和一三）年一月に陸軍省の官房内に創設された合祀者資格調査委員会であった。この合祀者資格調査委員会は約三〇人の祭典掛を置き、高級副官を委員長とし、祭典掛長、補任、軍事、恩賞、医事の各課員一名宛からなる委員会であったというが（おそらく戦争末期には、通常副官一名も参加(6)）、当初からこのような大きな組織であったのかには疑問がある。その合祀基準に関する決定は、一九四〇年頃までは断片的であり包括的なものとはいえなかった。また合祀基準についての基本的な見解や判断については、一九四三年頃までは高級副官とともに陸軍次官から通牒が出されており、その中には前述の阿南次官の通牒のように影響力の強い文書も含まれていた。この問題に関しては高級副官とともに、陸軍次官にも権限があった時期も存在していたと思われる。

この合祀者資格調査委員会の仕事は過去の膨大な合祀基準と具体例を洗い出し、現在の合祀の責任者の見解に基づきそれらをさまざまなケースに分けて一般化し、具体的に大量の審査を処理する役割であった。この合祀者資格調査委員会が大きな役割を演じるのは、一九四一年以後のことであると推測される。これまでも合祀判定の審査基準は秘匿されていたが、合祀者資格調査委員会が活動する一九四一年以降には、「軍事秘密」扱いとされている。(7)

合祀者資格調査委員会の役割は、第一に従来の審査基準を明文化し具体例を整理して、合祀審査基準を事変期間、事変地、死因、身分などケースごとに精緻化する作業を進めることであった。その作業は、当初は「合祀者資格審査上の参考事項」「靖国神社合祀資格審査上の参考」などの文書に、そしてやがて一九四四年七月以降は「靖国神社合祀資格審査内規案」と題する文書にまとめられることになる。そのまとめるにあたっての基本的な姿勢は、「日清日露戦争当時の合祀範囲に鑑み、此範囲を拡大せざる如く踏襲」（傍点引用者）するというものであった。(8)

だがそもそも日清戦争と日露戦争では、その上申資格は同一ではない。それに従来の上申資格や審査基準の変化には、その時々の戦争の事情によって変動してきた経緯があった。過去の諸基準の首尾一貫性をもった解釈には無理があり、こうした整理は時には事実上の歴史の偽造や無視を含むこととなった。実際にこの時決められた審査基準には、日清日露戦争時のそれと異なるものが見られる。またこの時代の戦争は、前線の兵士と後方の銃後とが截然《せつぜん》と区別された戦争とは一変し、民間人である国民をさまざまな形で参加させ動員する総力戦体制に転換する方向にあったのに、合祀者資格調査委員会の抱く戦争観・戦争犠牲者観は、あくまで軍人中心の戦争観に立つもので、その戦争犠牲者観は軍人とその他の身分の者とのさまざまな身分差別を強調するものであった。

例えば、合祀者資格調査委員会が発足して半年目の一九三八年七月に決定された「合祀者資格審査上の参考事項」では、「軍属は宣誓したる者にして真に公務上の犠牲と認めらるる者に限り、特別詮議を以て合祀す」とされている。[9] その後の一九四〇年四月の資格調査委員会の決定では、戦地における公務傷病死没者に関し「軍属は兵より厳選主義」をとるが、軍属でも「有宣誓軍属」と「無宣誓軍属」の両者は区別して位置づけ、さらに「台湾人軍夫は無宣誓軍属より順位低きものとして考慮すべきものとす」とある。

この「厳選主義」の意味は、例えば兵の場合で「脚気《かっけ》、肺結核、胸膜炎等」に罹患死した者の「在満期間」は「三ヶ月以上」とされるのに、有宣誓軍属の場合は「在満期間」が「半ヶ年以上」なければならず、「無宣誓軍属は更に期間を延長するものとす」というのである。[10] これは戦地（事変地）勤務のための疾病であるか否かの判断を、身分別の「在満期間」によって決めるものといわざるを得ない。そして一九四三年には「台湾本島人たる軍属」に関しては、「当分の間戦死、戦傷死に限り合祀致し度」と公務傷病死没者の特別合祀は延期することとしている。こうしたのは、「台湾本島人の皇国臣民としての信念、自覚、神祇観念共に未だ不充分にして、功利の域を脱せざる」ことを理由としていた(11)。なお、台湾本島人軍属の身分は傭人である軍夫であった(12)。

女性に関しても「厳選主義」が働いている。女性祭神の戦没者はほとんどが特別合祀された日赤の看護婦であり、「居留民の義勇看護婦の類の混入」が合祀候補者の中に見られることが警戒されていた。「関東軍司令部の『タイピスト』は従来合祀せられあらず」という慣例も(13)、踏襲されている。

アジア太平洋戦争の戦況の悪化とともに、輸送船に対するアメリカの潜水艦攻撃が激化し、軍属である船員の死亡率は軍人のそれをはるかに超えるに至った。しかし一九四三年七月には、「軍属たる船舶関係者の戦死及作戦間の事故は合祀するも　単なる輸送中の事故は一応不合祀として保留しあり」と決められている(14)。そしてそれは最終的には、「徴用船舶及徴用船舶以外の船舶乗組員たる軍属」を二分し、軍人などの輸送にあたった「『AB』船員」については「戦地事変地勤務」が「四ヶ月」ある者に関して「一般軍属の場合に準ず」とされるが、それ以外の輸送にあたった「『C』船員」については、「戦死戦傷死の場合」には「軍属たるの体面を汚さざりしものなること」などの条件を付けたうえで合祀、「戦死戦傷死以外の場合」には、「六ヶ月以上戦地事変地勤務に従事したるものなること」などを合祀資格としている(15)。

しかし第二次世界大戦後の戦傷病者戦没者遺族等援護法の改正を審議した議会での論議を見ると、

ＡＢ船員とＣ船員の区別は便宜的なものにすぎなかったようである。ＡＢ船員かＣ船員かは交代制で運用されており、何ヶ月かＡＢ船員であった者がＣ船員になる、Ｃ船員であったものが交代でＡＢ船員となるなどの運用がされており、ＡＢ船員の戦死率もＣ船員のそれも同様の高さにあった[16]。合祀者資格調査委員会の判断は、戦争における補給の重要性を軽視し、狭義の軍用の用途のみを重視していたように見える。

ともあれ合祀者調査委員会の方針は、単に「従前不文律事項を成文とし」ただけでなく、「従前の分との均衡を失せざる」ことを念頭に置きながら、「今次戦争の性格を考慮し」て新たに創り上げた審査基準も含まれていた[17]。その点で一九四四年七月の「審査内規案」には、これまで積み重ねられてきた審査基準を総括する面があったと思うが、それは「厳選主義」の立場に立って、軍人・軍属・民間人の間での細かな差別を強める総括でもあったと思われる。

死没原因の細分化と帰還捕虜

厳格化方針の具体化は第二に、死の原因や態様を細かく区分するというものであった。「死亡事由」は、戦死・戦傷死・戦死確認（認定）・病死・不慮死（事故死を意味する）に五分類して上申することとされ、その死没の場所・原因・状況などの細かい記述を求められるようになる[18]。

なお一九三八（昭和一三）年七月の「合祀者資格審査上の参考事項」の中には、「事変地以外に於て流行病の為死歿したる者は、其の発病事変に関する公務に基因し且叙勲に該当すべき功績ある者に限り、特別を以て合祀す」という決定事項がある。[19] 特段の戦功がない限り、内地の流行病死者は合祀対象としないという決定である。この項目については、後に「本項は西比利亜《シベリア》事変に於ける特異事項」であって、「内地部隊に於ける多発せる流行性感冒の為死歿したる者は、其の原因戦役に関する公務に基因し」ているためで、「今次事変に於ては該当者少し」と説明されている。[20] つまりこの項目が設定されたのは、第一次世界大戦直後のスペイン風邪の大流行が、シベリアからの復員兵を通じて内地へと飛び火し、内地の病院で看病にあたった者が死没するという「特異」な状況に起因するもので、今日の基準としては不適格だろうというのである。

しかしこの項目はもともと、日清日露戦争時の特別合祀資格の四番目にあるのであって、日露戦争時のそれでは「戦地に在らざるも戦役事務に関し公務上伝染病若は流行病に罹り、又は避くべからざる災害の為死歿したる者」に由来するものと思われる。つまりモデルとする日清日露戦争時の上申資格そのものであって、鳥インフルエンザと推定されるスペイン風邪の流行とは、時期も原因も無関係に制定されたものであった。しかし戦地以外の流行病死没者を合祀資格者とするという方針が、第一次世界大戦後には不適切と考えられたためであろうか、その折に新たに「叙勲に該当すべき功績」などの条件がつけ加えられたと推測される。

合祀者資格調査委員会で重視している項目に、生死不明者の問題がある。生死不明者については、もしその死没がほぼ間違いなければ、遺族に対し「速に恩典に浴せしめるの要」がある、ということを当初は強調していた。つまり所属の部隊で、遺族が特別賜金や公務扶助料の申請などを行なうのに必要な添附書類を急いで作成しなければならない、というのである。(21)ところが日中全面戦争期以降、日本軍では非公式に禁止されるようになっていた捕虜が、生死不明者の中から出現する。とりわけ生死不明者が民法第三〇条（失踪の宣告の件）によって死亡宣告を受け、特別賜金の賜与や公務扶助料の裁定、靖国神社への合祀や戦没者の叙位叙勲など「凡ての思典《ママ》拝受後」になって、「万一帰投（原隊に復帰）又は生存せること判明せば恐懼《きようく》の事態を惹起《じやつき》」するというのであり、死亡宣告の「決定は最も慎重を要す」とされるようになったのである。(22)そこで生死不明者が出た場合は、生死不明状態が起こった日時場所、生死不明となった前後の状況、これに対する捜索手段、死亡を確認した理由などを詳細に報告することを求めている。(23)しかしそれが実行できたのは、行方不明者捜索などが可能な条件があった場合のことにすぎないように思われる。

壊滅的な敗戦だったノモンハン事件の時には、生死不明者の捜索の余裕はなく、生死不明者を「戦死と推し且之に適宜『受傷部位』を附し且進級の手続を執」ったが、後に捕虜交換で帰還した兵があったことが、その当時の報告書の中で判明する。(24)それはノモンハン事件に限らず、八路軍の捕虜となった者を戦死と推定し、遺族の元へ「遺骨」までが送還されていた事例もあった。(25)

こうしたなかで捕虜となった者に関しては、二つの異なる方針が出されている。一つはノモンハン事件の終了直後の一九三九年九月三〇日に陸軍次官から関東軍参謀長へ出された「捕虜帰還者の取扱方」の通牒で、捕虜帰還者に対しては「一律に捜査を行い有罪と認めたるものは総てこれを起訴」することを定めたものであるが、「捜査の結果不起訴となり又は無罪の言渡を受けた者の中、所要の者に対しては厳重なる懲罰処分を行う」とされている。「所要の者」とはどういう者かはっきり書かれていないので不明だが、秦郁彦の研究によれば、第一回捕虜交換で帰った者の不起訴者全員が懲罰処分を受けたという。これが事実であれば一度捕虜となった者は、「不起訴」「無罪」であっても「厳重なる懲罰」の対象となるのである。しかも軍の服役期間も懲罰の期間だけ延長される「償勤」を課せられて、「教化隊に服役」させられるのである。さらに「処分終了」後には、捕虜となったことで郷里へ帰りにくい場合を想定して、「本人の意嚮《いこう》」により「日本以外の地に於て生活」することを「斡旋す」るとある。(26)

ところが翌一九四〇年六月一四日には、帰還捕虜の一部を以上と全く異なる方針で処理したことが第二三師団長の井上政吉によって陸軍大臣宛に報告されている。それはノモンハン事件で戦死公報が出され諸手続きが終わった後に、捕虜交換で帰還し不起訴と決定した者一七名に対する措置で、不起訴となった以上、「俘虜《ふりょ》たるの汚名は完全に消滅し、青天白日の身となりしを以て毫も本人及び家族の名誉を失墜するもに非ざること」を本人と家族に説明し、「努めて社会的名誉を失墜」させないように「内地諸部隊に詳報」するというものであった。「特に重傷のため人事不省」のなかで「敵手」の陥った者は「その功績を称賛す」とまで述べられている。(27)ここでは不起訴であれば「俘虜」の「汚名」はぬぐい去られ、「功績」のある名誉の捕虜もあるという考え方がある。陸軍次官の方針と一八〇度異なる取扱いであった。

しかしこの中で後に継承されたのは、「不起訴」「無罪」の者まで「厳重なる懲罰」を加えるという一九三九年九月の陸軍次官の通牒であった。前者と全く同文の方針が、アジア太平洋戦争の開始後の一九四二年八月に出されているからである[28]。これは捕虜となることを、陸軍刑法上の「奔敵《ほんてき》」（敵軍への逃亡）扱いするものであろう。ただし一九四三年一〇月の陸軍次官の通牒によると、「第一線部隊下士官兵中、悪質奔敵事犯の発生、今尚其の跡を絶たず」とあり[29]、「奔敵」がなくならなかったことも事実であった。そうしたなかでアジア太平洋戦争期には、捕虜の可能性のある戦地・事変地での生死不明者の「死体収容無き者は合祀を保留（一回乃至二回）するを例とす」と、合祀の保留を慣例化することにしている[30]。

また一九四三年一二月の高級副官の意見では、「帰投後（原隊に復帰後）病歿せるもの」は、「合祀上申不適当なる例」に挙げられていた。この文章が、「軍中逃亡罪の爲刑務所入所中病歿せるもの」と並んで書かれていることからすると、「帰投後」原隊復帰した行方不明者は、逃亡または捕虜となった可能性のある者と疑われていたのではないかと思われる[31]。そして一九四四年七月からは、「帰投者にして死没せる者は一応保留とす（帰投後責任自殺を含む）」と合祀の判断保留にしている[32]。これも一五年戦争の初期に捕虜交換で帰還後に「責任自殺」した空閑少佐を、合祀可とした判定とは違っていた。

なお戦病死に関しては、一四種の勅令指定の特定流行病をもともと重視していたが[33]、その特定流行病の範囲も戦線が広大となった「大東亜戦争」になってからは一七種に増加させている[34]。そして一九四三年七月以降は、戦地・事変地での病没に関し勤務・病気の期間がたとえ「短期と雖《いえど》も」、「厳寒酷暑時季は地域に依り重視せり」、「喝《かっ》病（熱中症）、肺炎、流行性感冒、脚気、大腸炎、盲腸の如きは重視せり」との理解を示し、行軍中の喝病（熱中症）などの戦病死を積極的に認める方針を打ち出している。[35]また「マラリア、喝病より誘発せる精神病に類する者は重視せり」と、精神病でも誘因が「マラリア、喝病」である場合は認め、さらに「大東亜戦争」では「戦争栄養失調症は流行病と同様に認む」として、戦争末期の食糧不足による事実上の餓死を、「流行病と同様」のものと位置づけるなど、リアルな戦病死認定の基準を示している。[36]

上申添附書類と「審査内規」

こうした合祀判定は基本的に書類審査によるのであるから、陸軍省では一件あたりの附属書類を増やして戦没者に関する情報を詳細にすることで、調査委員会での審査を円滑に進め、書類審査の完璧を期する方針を立てている。この点に関してはすでに大正末期までには死没原因を証明・確認書類で裏付けるようになっていたことは前述の通りである。なお、一九三八（昭和一三）年一一月の東条英機陸軍次官名で示された合祀未済者調査の通牒では、特別合祀者に関し新たに「事実調査」や「病歴書」の記載内容を細かく命じており、前者では事変勤務の種類と期間といった基本事項や勤務と健康状態について記し、「病歴書」では入院した傷病兵の入院前の状態から死没の原因を詳しく記載することを要請している。[37]なおこの年には、「死亡診断書死体検案書」と「死亡証書」も附属文書として定められているようである。[38]

それが六年後の一九四四年七月の東条陸軍大臣名で出された「靖国神社合祀者調査及上申内則」では、その死没状況の大きくは七種、細かくは一七種のケースに応じて一〇種類の附属書類が設定され、一件あたり複数の附属書類の提出が求められることになっている。例えば「特定流行病基因以外病死」では、この病死がさらに細かく「入院せざりし者」と「入院死歿者」、「免役又は召集解除後死亡」の三種のケースに分けられている。そして最後のケースに該当した申請者に関していえば、どのケースでも提出を求められる「戸籍記載事項証明書」だけでなく、「事実証明書」「病歴書」「死亡診断書（死亡証書）」「在郷間死歿者事実証明書」「在郷間死歿者状況調書」の六種の附属書類が必要とされている。(39)

それぞれの調書では、その書式が詳しく説明されており、例えばそのうち最後の「在郷間死歿者状況調書様式」では、「二、免役（召集解除又ハ退営）帰宅後より死歿迄の生活状況」の記載をすることになっており、それは「一、生計状況、二、本人又は家族の言動、三、近隣の風評」について「詳細具体的に」記すことを意味していた。また、「官庁、会社、工場等に就職せる者は其出勤状況を詳細具体的に」記載することを求めていた。(40)合祀判定の要素には、時に「思想的に面白からざる言動を為し」、「一般社会の神社尊崇の念に及す影響」が懸念される者を排除することも含まれるようになってくるのであった。(41)こういった調査方針は、憲兵による国民の反戦反軍言動に対する日常的な監視・取締りが強化されたこの時代に特徴的な方針であって、けっして日清日露戦争当時の政策ではなかった。

合祀者資格調査委員会の決定には、餓死を戦病死とするなど、戦争末期の戦場の実態を反映したものも含まれているが、他方で思想審査性を強めていることが見受けられる。

大部の資格審査内規の成立は、靖国神社への合祀の判定が、戦地事変地・戦時・身分・死没区分などのケースごとにマニュアル化され、それに当てはめればほぼ自動的に合祀の判定ができるようなシステムを作り上げることを意味した。以上のような判定マニュアルの策定と多くの添附書類に基づいて、合祀者資格調査委員会では、合祀、再調査（上申書類を「各部隊に返送し再調査を実施の上提出せしむ」）、不合祀、保留（「合否の判定下し難きもの」で「後日詮議」）の四種の判定を下すことになる。審査には第一次審査から第三次審査まであったようである。この審査がいつ頃から合祀判定の大量処理を行なうことができるようになったのかは不明だが、それが可能になったのは少なくとも一九四一年以降のことであろう。一九四四年秋の大祭後、翌一九四五年初の大祭までの半年間には「陸海合計約五万を目標としあり」というのであるから、戦争末期には合祀判定に習熟していたことが知られる(42)。

ただし敗戦に近い一九四五年二月には、第一回審査の期間を短縮するため、「従前の合祀標準最下限を要約し」て「短期間に的確に」審査できるよう、「特定流行病以外の疾病及不慮死」などに関して、基準の簡易化を図っている(43)。

戦没民間人の取扱い

なお戦争末期には、民間人の戦争犠牲者が続出する事態が生まれる。この問題に対する陸軍省の一九三七（昭和一二）年段階の政策は、それら「軍人、軍属に非ざる帝国臣民にして戦地又は事変地に於て陸軍部隊の長の指示を受け行動に参加し戦死又は戦傷（病）死したる者」を、「死歿の日に於て当該部隊の軍属と為す」というものであった。そこにはあくまで、前線の「陸軍部隊の長の指示を受け」ることが前提とされていた。ただし軍属身分にすることは「靖国神社合祀」とは別で、合祀については「特に慎重ならしむるものとす」という立場であった(44)。

ところがサイパン陥落で、現地在住の非戦闘員の住民が軍とともに大量に死没するという事件が起こる。一九四四年九月の帝国議会衆議院予算委員会では、中島彌団次委員が質問の中で、これら玉砕非戦闘員を「軍属の取扱」にするとともに「靖国神社に御祀り下さる」ことを希望する発言が出る。これに対する杉山陸軍大臣の答弁は肯定的なもので、「我が陸海軍部隊と共に最後に至るまで敵の攻撃に飽くまで抗戦し」死没した非戦闘員は、「何とか軍属にして本人の英霊を慰め」る方向で考えたく、「今研究致して居ります」というものであった(45)。ここからは戦争末期に、従来の戦没民間人の取扱いを変更する意図が陸軍省にあったということがわかる。

この陸相答弁の内容は同年九月三〇日、陸軍次官・海軍次官・大東亜次官・司法次官の四次官の「申合《もうしあわせ》」である「南洋群島の住民の取扱に関する件」として正式に決定されている。そこでは、「一、南洋庁官吏並一般住民にして軍構成員として必要なるものは生存中軍属の身分を確立することを本則とす」とあり、「二、本申合示達の徹底前、敵の軍事行動に依り死亡せるものは左の取扱を為す」として、「（二）陸海軍に協力せる一般在住邦人は身分協力の程度に応じ陸海軍の有給若は無給軍属（嘱託）とす」と決められている。ここではもともと必須とされた「陸軍部隊の長の指示」の存在が明示されなくなっており、サイパン陥落時の一般在留邦人の戦没者にも、この「申合」が遡って適用されて、軍属扱いすることが定められているのである。そして「備考」で、この一般邦人の「身分協力の程度判明せざる場合は学齢未満の者を除く一般在住邦人は、概ね陸海軍の有給若は無給軍属とす」とあるように、「学齢」以上の死没者はみな軍属とし、軍属とはなれなかった戦没者に対しても「戦地殉難者として敬弔の措置を講ず」とされている。(46)「敬弔の措置」は弔慰金・見舞金の支出を意味するものだろう。そしてこの決定は、翌一九四五年二月四日貴族院予算委員会で、重光葵《しげみつまもる》外務大臣（大東亜大臣兼任）によって紹介されている。(47)軍に協力して死没した民間人を区分する基準を、「学齢」に達しているか否かで区切る発想はすでにこの時に生じていたのであった。ただしここでは軍属扱いした戦没民間人を靖国神社へ合祀するかについては、明言されていなかった。

おわりに

こうして近代日本における靖国神社への合祀基準を追ってみると、合祀資格や審査基準がしばしば揺れ動いているのがわかる。なぜ揺れ動くのか、それには少なくとも二つの理由があったと思われる。合祀資格や審査基準の変動の一つの理由は、別種の経緯で生まれた戦没者の死の評価である、軍人恩給の公務扶助料の支給基準や恩賞である死没者特別賜金の賜与基準と、合祀基準との齟齬《そご》にあった。むろん戦没者を美化するという点で見れば、恩給や特別賜金と靖国神社の合祀基準は同様の方向性に立っており、戦地（事変地）、戦時、生前の身分、死亡区分などをポイントに判定を下す点でも共通の枠組みに立っていた。戦没者の慰霊が遺家族援護行政の一環として行なわれることは、両者の混同を生み出す原因ともなる。

しかし遺族への金銭支給と合祀の両者の基準は細かくずれており、例外はあるが特別賜金の賜与範囲が最も広く、靖国神社へ合祀される範囲がこれに次ぎ、公務扶助料支給の範囲が最も狭かった。このうち特別賜金の金額と公務扶助料の支給金額は、その死に方によって格差を付ける方向での改訂が繰り返されており、兵士に「勇敢な戦死」を誘う装置として作用するものであった。この国家による戦没の評価の基準をある程度まですりあわせようとする志向が、合祀基準の変化の一つの理由となる。恩給法の文言、特別賜金規定の文言が、合祀資格のそれに流用されたり合祀資格の改定を促す場合もあった。

しかし靖国神社への合祀の可否審査では、軍人・軍属・民間人という生前の身分差は大きな意味をもっていたが、一度合祀されさえすれば元の陸軍大将も兵も、そして一介の軍役夫も平等な一祭神となるのである。ここには死んではじめて身分差を越えられるという平等幻想があり、そこに明治初年の「四民平等」の時代に作られた東京招魂社の特徴があった。これに対して特別賜金や恩給の公務扶助料は、その身分・階級と死没の仕方で支給金額にはっきりとした格差をつける方向に向かって進んでおり、身分階級の差は死後も越えられない壁としてあった。両者には基本的な性格の違いもあったのであり、そのずれは解消されにくかった。

合祀基準が揺れ動いたもう一つの原因には、靖国神社の位置づけをめぐる考え方の違いがあった。靖国神社は、近代日本の国民国家の形成と発展のための犠牲死者を祀った神社である。しかし近代日本の国民国家に対しては、より「国民」に比重を置いた国民国家か、もっぱら「国家」機構に比重を置いた国民国家かという考え方の違いがあったのである。そこでは一方で、戦場はもとより非戦地においても、諸種の「帝国臣民」の戦争協力によって戦争が行なわれたのだから、その忠誠心に応えて、そのために死んだ彼らを広く合祀することは当然だという考えが生じるとともに、他方ではみだりに合祀者を拡大するのは、天皇と神社の権威を貶《おとし》める「濫祀《らんし》」にわたるという警戒心が常に働いていた。

『靖国神社忠魂史』の「本書刊行に際して」の中で、靖国神社宮司賀茂百樹《かもももき》は、「世には往々靖国神社を以て軍人の殉難者を祀る神社であるかに考えている者があります。之は誤解も甚だしいもので」あって、「祭神は男女の区別もなく、又階級的に何らの差別もなく祭祀せられているのであります」[1]と述べ、靖国の神は「実に忠君愛国の全国民精神を表現し給うところの神である」と説明している。戊辰戦争の戦没者についてはこの賀茂宮司の発言に添った面もあるが、そこには自らを犠牲にして国民国家の発展を支える広範な国民という、ある種のフィクションの面も混じっていた。ただしこうした「軍人」中心ではない靖国神社の位置づけが、靖国神社の中にあったことも否定できない。

とはいえ明治期から敗戦までの靖国神社を全体として見る限り、それが陸海軍省管轄の神社であり、国家的危機に殉じた軍人中心の戦没者を祀る神社という位置づけこそが、基本的に貫かれている考え方であった。壬午《じんご》軍乱にあたっての太政官第二局の、靖国神社は「官に奉仕せるもの」を祀るところで、「一般人民」を祀るところではないという意見、明治末年の海軍省軍務局の「軍神の神社」論がこれを示すものである。軍役夫はもとより警察官の合祀もあくまで特例であって、「厳選」すべきだという「濫祀」論はここから発生する。それらの「濫祀」論は、軍人中心に生前の身分の違いや戦時と平時の死の違いを峻別し、合祀資格者を「厳選」する志向に結びつく。

阿南《あなみ》陸軍次官の通牒は、現地部隊から上がってくる合祀上申の文書が、しばしば事実を偽った作文に基づいていることを痛烈に批判したものであった。そうしたなかで十五年戦争末期に合祀審査の大量処理を進めるために設置されたのが、陸軍省の高級副官を長とする合祀者資格調査委員会であった。

その厳格化方針は合祀の可否判定のマニュアル作りとして結実し、合祀候補者の大量処理も可能となる。しかしそのマニュアルでは、生前の身分や死の態様に関する差別を固定化するのみならず、新たに差別を作りだす傾向があった。それは結果においては、軍人中心主義的な能率性と硬直性を示すものだったともいえよう。

その意味でサイパン陥落後の帝国議会での、玉砕した非戦闘員の軍属扱いと靖国神社への合祀を求めた議員の質問に対する、陸軍大臣の軍属扱いへの肯定的な答弁とそれを受けた陸軍次官その他四次官の「申合《もうしあわせ》」は、最終段階に至って国民国家のための殉難者を生前の身分にかかわらず引き上げようとする別の考え方の流れを示すものであった。

しかしこの二つの立場のどちらも、国民国家の犠牲殉難者を神として祀るという考え方に立っていた。国民国家のもつ縛りはきわめて強かったともいえるが、これに対し大正デモクラシー期には、新たに国民国家を越えた普遍的価値観から、靖国神社への根本的批判が登場していた。

この国民国家を越える視点という点に関連して、敵陣で死没した捕虜の合祀は、日露戦争期の国際化のなかではじめて認められたものである。日本の社会のなかには捕虜となることを認めるという考えは十分育っていなかったが、しかしこれをきっかけに戦闘員の最小限の人権保障として、捕虜となることを認めるという考えも生じてくる可能性があった。捕虜となることを認める姿勢には、国民国家の殉難者となることには一定の限界があるという思考にも結びつく。しかし一九二九年から三〇年にかけての捕虜の待遇に関するジュネーブ条約をめぐる交渉は、日本の常識と欧米諸国のそれとの落差を痛感させるものであった。その批准のためには日本の国内法の改正が必要となることが、軍の反発を強くする結果となる。だがノモンハン事件において最後まで戦い、「重傷のため人事不省等」に陥って捕虜となった者を、現地軍の一部では「名誉の捕虜」として扱ったこともあった。しかしそれは例外的なことで、帰還した捕虜は懲罰の対象となり、戦時下の合祀者資格調査委員会では、原隊に帰還した「帰投者」で死没した者にも、否定的な姿勢をとり続けたのだった。

Ⅱ　第二次世界大戦後の戦没者の合祀

はじめに

靖国神社にとって、敗戦の衝撃は大きいものであった。陸海軍省が管理する唯一の神社である靖国神社は、軍の解体によってその支える基礎を失っただけでなく、神道と国家の分離を命じた神道指令は、軍が合祀の判定をするという靖国神社の従来の合祀の方式を、否定するものであった。神道指令の狙いは日本軍国主義の基盤の解体にあったといわれ(1)、軍神の神社としての靖国神社は存亡の危機にさらされる。

多くの神社は、その戦時中の行動がどうあれ、敗戦を契機に国家と切り離されても、地域の氏神としての、または多少の現世利益と結びついた元々の由緒に戻れば良かった。しかし靖国神社は、戦没者を祭神として合祀することに存在理由を見いだす神社であった。ただし祀るべきその戦没者の範囲は、考え直すことが可能であっただろう。とはいえ従来基準に従って、何が何でも日中全面戦争以降の軍人・軍属の戦没者の合祀を完成させようという靖国神社側の志向には強いものがあり、それを支援する旧軍関係者からは、合祀の完遂は戦没者と遺族に対する責任問題として自覚されていた。

しかし戦没者の基礎データは、敗戦とともに失われたものも多かった。また残された旧軍の資料は、それを引き継いだ厚生省と都道府県の世話課などにある以上、その協力がなければ合祀は進まない。なお第二次世界大戦前の合祀の決定は、建前上は天皇の裁可によるのであるから、合祀者の選考には誤りがあってはならない、畏れ多いことだという感覚がつきまとう。その意味でそこには天皇に対する、ある種の責任意識があった。むろん軍官に見られるその責任意識は、身分的に天皇に近い存在である特権意識と矛盾するものではなかった。しかし第二次世界大戦後には、合祀者の選考における天皇への責任意識は希薄化していく。

そうしたなかでの占領軍の非軍事化政策と国民の厭戦《えんせん》・嫌軍の意識のなかで、戦没者の顕彰と「慰霊」が結びついていた靖国神社は、顕彰の側面を抜いた「慰霊」のみの神社として生きることを選択することになる。一九五〇年代初頭に存在した靖国神社のこうした可能性は、国民国家の枠を越えるものではなかったが、過去と未来の戦争否定の決意と結びついており、政治によって正当化されない死を迎えた、政治の狭間にある戦没者の「慰霊」を追求しようとするものであった(2)。

しかし、やがて靖国神社は、国との協力によって合祀を進める方向を選択するなか、一九五〇年代中頃には過去の戦争を正当化し、戦没者の「慰霊」だけでなく顕彰をも行なうようになっていくのである。それは戦前からの戦争観と国家観を引き継ぎ、その連続性を象徴するような施設に反転することでもあった。

ただしアジア太平洋戦争期にはこれまでにない数の戦没者が出現し、その戦没者の身分や死に方の状況の多様性も今までにない規模に達していた。そのためこの状態を前にして、いかなる死が「公務死」か改めて問い直されていくが、もっぱら遺家族援護の観点から、「公務死」の範囲は拡張されていく。それはあるいは「殉国者」の顕彰の観点から、そして時には軍隊の抑圧的なシステムによる戦争犠牲者の救済のために、靖国神社や厚生省内の旧軍関係者にとっては思いもかけずに、必ずしも首尾一貫しない形で、合祀される戦没者の範囲は拡大されることとなる。誰が戦争犠牲者かを問うその膨大な死のもつ意味は、戦争が終わってから長い時間をかけて繰り返し問い続けられていくが、それはけっして一つの答えには収斂《しゅうれん》されないものであった。その無惨な経験はやがて近代日本の戦争犠牲者観の転換をもたらし、戦没者の生前の身分や国民国家の枠組みにとらわれた靖国神社での祭祀のあり方も問い直されずにはいられなくなるのである。

第1章　敗戦直後の合祀問題

戦没一般国民の合祀問題

敗戦直後の一九四五（昭和二〇）年八月三〇日、陸軍省から「靖国神社の合祀」に関する意見が提案される。それは「軍の解散」を目前にして、今すぐすべての「英霊」の氏名を調査することは「不可能」と思われるなかで、日中全面戦争・アジア太平洋戦争で「死歿《しぼつ》したる英霊に対する軍としての最後の奉仕」として、本秋中に、柱数、氏名不詳のまま合祀するという提案であった。しかもこの陸軍省の提案の合祀の範囲は、総力戦である「今次戦争の特性に鑑《かんが》み」、「戦闘行為に因《よ》り死歿したる者は軍人軍属に限定することなく」拡大するという案である。合祀範囲の拡大に関しては具体的には、

（一）大東亜戦争終結迄《まで》に戦死、戦傷死、戦病死せるもの、鉄道、船舶義勇戦闘隊員等として勤務中死歿せるもの、

（二）軍需工場等に於《お》いて勤務中死歿せるもの

（三）大東亜戦争終結前後に於て憂国の為自決或《あるい》は死亡せるもの

（四）敵の戦闘行動に因《よ》り死歿せる常人（戦災者、鉄道・船舶等に乗車乗船中遭難せるもの）

であった。これは、戦争末期に生じていたサイパン陥落以降の軍とともに戦って戦没した一般国民を軍属化するという方針を、さらに一歩進めて靖国神社への合祀にまでおよぼしたものと位置づけることができる。新しい合祀者は、（一）運輸交通関係の「義勇戦闘隊員」など、（二）軍需工場勤務中死没者と、（三）敗戦前後の「憂国」自決者、（四）「敵の戦闘行動」のため死亡した一般国民である。もしもこの提案のままなら、（二）の軍需工場勤務者は合祀の条件として戦時災害要件を含んでおらず、空襲による死者だけでなく、勤務中の事故死・病死者も犠牲者として祀《まつ》られることになる。また（四）の合祀される一般国民には戦時災害要件が課せられるが、軍の命令の下に積極的に行動したという条件は求められておらず、爆撃や艦砲射撃・機銃掃射の一方的な被災者もが合祀対象とされることになる。

この提案に対する海軍省、靖国神社、神祇院、宮内省の反応とその結末に関しては、拙著『靖国神社』ですでに紹介しているが、結果的には陸軍省の案のうち、氏名不詳のままとりあえず招魂祭を実施するという案は通ることになる。しかし合祀範囲の拡大に関する陸軍省の提案は通らず、九月一八日回答の宮内省の「靖国神社の本質上一般戦災者を含まざることを適当」とするとの意見に添う形で、合祀者の範囲は従来どおりとされる。一九四五年一一月一九日から二〇日にかけて靖国神社で臨時大招魂祭が行なわれ、二〇日には天皇も参拝している。そこでは新しい祭神名を記した「霊璽簿《れいじぼ》」が作成できないまま、今後調査が済み次第合祀することとして、日中戦争と太平洋戦争の戦没者で未合祀の霊を、氏名不詳のまま一括して招魂《しょうこん》した」のである。(1)

ただしその結論を導き出す折衝の過程で、軍や政府の周辺で原案とはかなり異なる発想に基づく案も生まれていたようである。それは一九四五年一〇月頃に起案された、「石橋」という印の押された案で、以下に紹介するとおりの、靖国神社の根本的改革案であった。それは、

一、別格官幣社《べっかくかんぺいしゃ》の社格を御辞退し靖国神社を純乎たる遺族及国民大衆の捧ぐる心からなる崇敬心の上に立てる自治自営の国民神社とすること

一、大東亜戦争終局に至るまでの戦死戦歿者を合祀すると共に平和事業のために崇高なる精神を発揮し勲労一世に冠たる殉国者をも審査し合祀すること

一、大東亜戦災のために死歿したる国民の霊を末社として招祭すること

一、過去の戦争事変に於ける敵側の戦歿将兵の霊をも末社として招祭すること

というものであった。

ここには、神道指令の出される以前に靖国神社が「明治天皇の聖旨」から離れて、国営の別格官幣社から「自治自営の国民神社」とする考え方が示され、一九四五年九月の帝国議会開院式の詔書の「平和国家」への転換にふさわしく、合祀者の範囲も変更して「平和事業」の「殉国者」も合祀し、しかも一般戦災死者と敵側将兵の霊を「末社」に祀るという、靖国神社の自主改革案が政府の周辺で生まれていたことを示すものであるといえよう。この「末社」案は、合祀範囲の拡大に反対する宮内省の意見を取り入れながら、後に鎮霊社として実現することになるともいえる。この改革案は、国民国家のエゴイズムを越える契機をもっており、もしこれで国民の信教の自由をおもんぱかって、合祀

に遺族の承認を要件としていたならば、これは戦後の民主化改革にも応える靖国神社改革案であった。この案が、印の押された「石橋」なる人物の案であるかどうかもわからない。しかし「石橋」なる人物が関与した可能性があり、もしそうなら靖国神社問題の担当官である陸軍省副官石橋少佐であろう。(2)

その後、一九四六年四月二九日、霊璽簿が完成した二万六八八七柱を合祀する戦後はじめての第六七回合祀祭が行なわれるが、(3) この時から戦前の戦死・戦傷死者の「合祀」と、それ以外の病死者などの「特別合祀」の区別はなくなっている。なお一般戦災者の合祀については議会での想定問答の中で、「戦死と同様に取り扱うを至当とする一般戦災者等の合祀は考えられないか」という質問が予想されている。これに対しては旧陸軍省の第一復員庁から、「一般戦災者は目下の処合祀せられぬ方針と聞いている。但し義勇戦闘隊として勤務中戦没せる者の如きは合祀せられる筈である。公務に服務中の者で特に合祀を適当と認むる者は将来個々に調査詮議致し度《た》い意向である」との答弁案が用意されていた。(4)「一般戦災者」の合祀を否定する一方で、現地軍部隊長の命に従って「義勇戦闘隊として勤務中戦没せる者」は軍属扱いし、その合祀には肯定的である。そしてこれとは別に何らかの「公務に服務中」に戦没した者についても、個別詮議で合祀される者もあるとしている。

なお神道指令後の靖国神社の改革は、ＧＨＱの非軍事化路線に添って「軍神」の顕彰の神社であることをやめて、国民国家の戦没者の「慰霊」の神社に徹底する方向にあった。この国民国家の戦没者の「慰霊」は、公的機関が神道式のそれへの関与を行なわない限り、ＧＨＱの許容するところであったからである。また「軍神」の顕彰を止めて国民国家の「慰霊」の神社に徹することは、戦後の国民の厭戦、嫌軍感情の高まりにも適応できるものであった。

神道指令と合祀の続行

国家と神社の分離を命じた神道指令は、従来の靖国神社への合祀手続きを指令違反とする内容を含んでいた。特定の戦没者を神道上の祭神に選ぶ基準を、国家の一部である陸軍省が策定し、実際に選衡にあたり合祀を推進していたからである。これは国家による神道という特定宗教への支援に該当する。しかし旧陸軍省とその後継の第一復員省には、合祀手続きの遂行は戦没者とその遺族に対する「道義上」の責任観から、むしろ「復員業務中の重要事項として実施するを至当とする」と考え、GHQ指令への違反があったとしても「従前通り実施する」ことはやむを得ないと思っていたようである。

そこで何より問題として意識されていたのは、戦時下に体系化された合祀基準に従って、かなり大量と推定される未合祀者を、どうやって合祀にまでこぎ着けるかであり、そのための基礎情報が記された「靖国神社未合祀者申告票」を誰がどのようにして正確に作製するかであった。「靖国神社未合祀者申告票」には、死没者の「官等」「爵功勲位」「氏名」「生年月日」「死歿区分」「受傷（発病）年月日・場所」「死歿年月日・場所」「応召（入隊）年月日」「応召（入隊）部隊名」「死亡時所属部隊名」「外地出征の有無」「特別賜金・行章賜金下附の有無及其金額」「参考事項」と、遺族の「本籍」「現住

所」「死歿者と続柄及氏名」が網羅されていた。(5)

このうち死没者の「官等」「爵功勲位」は生前の身分に関する情報であり、身分によって合祀の条件は違っていた。「死歿区分」はその死に方の類型で、戦死か戦病死か不慮死（自殺など）かなどを分けるものであった。この二つが合祀可否判定の決め手となる。「受傷（発病）年月日・場所」と「死歿年月日・場所」は、受傷（発病）と死没の間に時間的・空間的な差がある場合に、戦地・戦時の受傷罹病《りびょう》か、すなわち戦傷病死かどうかの判定に必要な情報であり、「応召（入隊）年月日」は応召（入隊）から受傷罹病までの期間がわかる情報で、生前の身分によって合祀に必要な期間が異なってくる。「応召（入隊）部隊名」「死亡所属部隊名」は死没に関する記録や事実関係の問い合わせ先である。「外地出征の有無」は、「内地」だと合祀資格がない場合が多いので見分けやすい目印で、「特別賜金・行章賜金下附の有無及其金額」はやはり合祀資格があるかないかを見分ける参考情報である。遺族関係情報は、戦死公報や合祀通知状の宛先でもある。

しかしこの頃には、ポツダム宣言受諾後の軍関係資料の組織的な大量焼却によって、戦争末期までに集められた合祀申請の「上申文書も大部分焼失又は焼却せられ」ており、復員した部隊でも資料焼却などのため関係資料が不足し、残った資料の引継ぎを受けた戦没者の本籍地都道府県の各地方世話部が、復員や遺族援護の業務の一部としてこの合祀手続きを担当するという形となっていた。(6)なぜならその当時続々と復員してくる外地部隊は、「生存帰還者の取扱いに忙殺」されて、「死歿者の処理動《やや》もすれば等閑に附せられんとする傾向」にあった。(7)また留守部隊は外地部隊との連絡が取れず、外地部隊死亡者関係書類も終戦時に「焼却」するなどの事情もあって、外地部隊の現状の正確な名簿を掌握していないことも多かった。(8) そのため各地方世話部が未合祀者を調査のうえその「申告票」を調製し、その各地方世話部長からの「申告票」を第一復員局がとりまとめて従来の合祀基準に従って選考し、合祀可のものは靖国神社に通報するという、作業手順を取ることにしたのである。(9)

とはいえ実際に上がってくる合祀申請書類は混乱をきわめており、一九四六（昭和二一）年六月五日付けの第一復員省業務部長の文書によると、申請書類の中で疑わしいものは、やむなく軒並み「合祀保留」にすることにしていたという。実際に「死歿者であって生存帰還の報告を接受したものは、二千余件であつて、そのうち合祀申告の取り消し報告は一三九件に達している」状態であり、遺族が「遺骨未領」であったり戦死の「内報は受けているが公報は受領していない」など、戦死確認の不確かな者が数多くあった。またそのほかに「死因が戦役（事変）勤務と関連性乏しいもの」や、「死歿時に進級していない」などの状況から合祀「不適格者の疑いのあるもの」の合祀を保留としたのであった。(10) さらに二重申請による「重複合祀」も見つかっていた。(11)

「申告票」の記載の不備は多方面におよんでおり、死没者の身分（「官等欄」）の記載が「不充分」だったり、「戦死、戦傷死、準戦傷死、戦病死」といった「死歿区分」が不明確で「受傷（発病）年月日、場所欄」の「記載のないものが多」く、「死歿年月日」の「判断に苦しむものが多」いうえに、死没「場所」の記載が「『ビルマ』『支那』等と漠然と記載」されたり、逆に「細かい地名のみを記載し、『ビルマ』か『泰国《タイ》』か判定に困る」など、はっきりしないものが数多く見られた。(12) 死没者の身分のいかんと、死没原因や、それが戦地（事変地）・戦時かを判定する受傷年月日・死没場所・死没年月日などは、合祀の可否判断の基本となる情報であり、それが曖昧な「申告票」では意味をなさない。

また戦後になって戦時下の「死没者」報告の実態が露見する場合もあった。メレヨン島から戦時中に報告されていた「死没者」は、すべて一律に熱帯の気候にともなう「衝心脚気《しょうしんかっけ》」による「戦病死」と記されていたが(13)、事実は飢餓の島での上官による食糧独占の結果、兵の餓死や上官殺害事件が起きていたのであった。そこでは殺害された上官や殺害に関わって処刑・自殺した者までが、すべて「戦病死」として報告されていたことが判明する(14)。

同様に海軍第六十四警備隊が駐留したマーシャル諸島の一つであるウオッゼ島では、「食糧事情極めて逼迫」し「各班単位」で農耕に従事し食糧確保につとめたが、「営養《ママ》失調等に依り死没するもの続出」する状況となる。こうしたなかで「他班収穫品等を窃取せるもの」が生じ、警備隊司令部では各班の設置した「番兵」がこれらの窃盗者を「射殺或は処刑」することを認めるようになる。報告された死因には銃殺以下多様なものを含むが、遺族には「病死（非公務）」として通知したということである(15)。同様の状況下の飢餓の島でも、メレヨン島の死者は「戦病死」として「公務死」扱いとなり、ウオッゼ島の死者は「非公務死」扱いとされたのであった。

そうこうしているうちに一九四六年九月、従来復員局が「合祀事務名義」で行なっていた事務が、GHQの政教分離問題に厳しい監視の下でできなくなる事態が発生する。そこで復員局側が考え出した方式は、「生死不明者、死歿者究明一環作業」の名目でこれまで同様の事務を継続することであった。それは靖国神社側が復員局や地方世話部など「各官庁に調査方を依頼」し、復員庁においては「人名調査」のみを担当しているという名目で、実際には合祀対象となる「死歿者（人名）の決定」は復員局が行なうという方式である。[16] これはこれまでの「申告票」の提出を止めて「死歿者連名簿」を地方世話部で作製し、本局に提出するというやり方でもある。地方世話部が作製し本局に提出されたこの「連名簿」記載の人名数は、一九四七年一〇月末までに六五万名に達したという。[17]

とはいえこの「死歿者連名簿」は戦没者の「原簿」の記載を基にしたものであり、「原簿」の記載に不備がある場合には、その正確さは保証しがたい。「連名簿」の「記載上の注意」を見ると、死没者の「所属」欄はあるが、「所属部隊が原簿に書いて無く不明の場合は記載を要しない」「死亡場所は細部に亘り記載を要しない。又全然不明の場合も同じ。例えば中華民国、ビルマ、南方、満洲と書くこと」とある。[18] つまり曖昧な記載も容認する方針に立っているが、従来の「申告票」から「受傷（罹病）年月日・場所」や「外地出征の有無」が削られ、「死亡場所」は「全然不明」の場合も認めると、それが戦地での受傷罹病か否かもはっきりせず、戦病死の判定が困難になる可能性もあっただろう。

しかし他方では、大量の戦没者の合祀がスムースに進まない現状を前にして、このままでは合祀の完遂に何年かかるかわからないと思い、陸海軍省の解散後の残務処理機関である復員省→復員庁関係者には、合祀予定戦没者の履歴に多少の不明箇所や疑点があっても、ともかく靖国神社への合祀を推進したいとの考え方も生じてくる。これを示すのが、一九四六年一一月二〇日付第一復員庁の発した

「死歿者調査作業の標準」であろう。そこでは、これまで死没者として合祀手続きの俎上《そじょう》に載りながら、生存が確認されるなどの事態の多発に対し、合祀には「従前極めて慎重主義で」、疑わしいケースを「保留」することが慣例化していたが、「斯《か》くては際限が無いから、努めて保留者の出ない様に各地方世話部からの申告を善意に見て本籍地、氏名、官等身分、死歿区分、死歿場所（細部は不明で差支ない）死歿暦日が判って居る分は生否の確度には疑を容る丶ことなく決定すること」と、従来の慎重方針を撤回することが記されていた。ただこの段階でも合祀を「悉《ことごと》く保留」とすべき対象とされたのは、

1. 昭和二十年九月三日以後死歿せるもの（死亡区分の如何を問わぬ）
2. 単なる内地勤務と認むる死歿者
3. 本籍、氏名、官等身分、死歿場所区分暦日不明の分

のみであった(19)。つまり敗戦後の死没者と内地勤務の死没者とを省き、本籍地、氏名、官等身分、死没区分、死没場所、死没暦日のわからないものだけを除くとしたのである。しかしこれでは前述のように、死没区分に疑わしいものが含まれ、死没場所にも曖昧なものが混入する可能性があった。

ところがこの「人名調査」方式の「祭神調査事務」も、一九四八年八月になるとＧＨＱの占領政策違反という判断によって継続困難であることが明らかになってくる。この時点ですでに「整理」された「連名簿」は陸軍関係約九四万名、海軍関係約二三万名にとどまり、他方で全死没者数は陸軍約一六〇万名、海軍約四〇万名の推定数とは大差があった。そこで戦没者の「戦死公報」などを復員局か

ら靖国神社側に送付して、靖国神社側で合祀の可否判定を下すという方式に転換したようである。(20)しかし「連名簿」や「戦死公報」の記録の確実性の不足から、合祀判定の困難は依然として続くことになる。

つまり占領期における合祀継続の困難は、一つは政教分離に関するＧＨＱの監視の目が強まってくることから生じていたが、もう一つは戦没者に関する資料の不確かさによっていた。

なおそれとは別に、担当者の誤解に基づいて、日清日露戦争以来の合祀基準が意図せずに変質している事態も生じている。それは講和独立後の一九五三年九月一六日起案、同二一日、二五日決裁の、靖国神社での合祀基準の変更に関する決定によって知られる。

このうち重要なのは、「祭神合祀詮議標準追加の件」である。その要点を摘記すれば、「従来戦病として取扱われて居らなかった脳溢血《のういっけつ》心臓病狭心症胃潰瘍《いかいよう》胃癌《いがん》等に依《よ》る病死」を、「応召（入営）后一ケ月以上勤務の者」である限り「戦病死」として取り扱い、靖国神社への合祀資格を与えるというのである。その「説明」によれば、「大東亜戦争に在りては資料不充分の為此の種戦地病死をすでに戦病死として合祀せられて居る者が相当数あると認められる」(21)（傍点引用者）ということである。つまりこれまで、戦地での脳溢血以下いわゆる「内部疾患」の病死は平病死扱いされる場合が多かったのに、「大東亜戦争」の死没者については誤って「戦病死として合祀」した実例が「相当数ある」ので、それとの公平性を維持するために、今後は明確に「戦病死」扱いで合祀するというのである。

日清日露戦争以来の合祀基準では、戦地での平病死者には、おおむね靖国神社への合祀資格は与えられてきた伝統があった。しかしここではこの伝統が、担当者からも忘れ去られており、公務死である「戦病死」でないと合祀資格がないとの誤解に基づいて合祀基準の改訂が行なわれている。それは現地軍部隊においても同様であった。前述のようにすでに戦時下から、脳溢血などを「公務死（戦病死）」と認定して上申している例が数多く見られたからである。

また以上の文章から推測されることは、戦争末期からこの種の戦病死を含む公務死が合祀資格となっていることである。その「戦病死」の認定は、戦死公報によるものであろう。戦死や戦病死以外の公務起因でない死没は、おおむね「非公務死」と戦死公報に書かれていたという[22]。戦後の戦死公報は、元の連隊区司令部などの資料を引き継いだ、地方自治体での残務処理部、世話部、または戦没者の本籍地府県、市町村などが発行主体となっていた。戦傷病者戦没者遺族等援護法の成立以前にも、すでに公務死認定を合祀資格とすることがはじまっていたことを推測させるものであろう。

第2章　講和独立後の大量合祀

1　合祀事務協力の開始

厚生省の合祀事務協力

講和独立後、占領軍による政教分離の監視と介入がなくなったために、靖国神社への合祀に関する厚生省と地方世話部の協力は再開し、地方世話課が直接に靖国神社に戦死「公報写し」や「死歿者連名簿」を送付するという方式が復活してくる。ここで戦没者の合祀の可否判定を下すのは、靖国神社であった。問題は、地方から送られてくる「公報写し」や「死歿者連名簿」に記載の過誤が多く、「階級、死亡事由、死亡年月日、死亡地に誤りが多い」状態で、合祀後になってその「誤り」や「重複」合祀などの指摘を受けることが避けられない状況にあることであった。厚生省によれば、一九五〇年代中葉には神社側ではこうした合祀のやり方に、「行き詰まり」を感じていたらしい(1)。神社側としては地方の担当者に問い合わせる以外に、その誤りを正す手段・方法を欠いていたからである。

こうしたなかで、軍人・軍属を中心に二一〇万人と推定されるアジア太平洋戦争関係の戦没者のうち、靖国神社への合祀が済んだ者は一九五五（昭和三〇）年七月時点で八五万人にとどまり、一二五万人が未合祀の状態にあった。[2] しかも厚生省の観察では、未合祀者の解消までに今後どれだけ年数がかかるか見通しが立たず、「遺族からは合祀推進の声が強く起き」ていた。靖国神社では靖国神社奉賛会を作り、合祀のための財政的な基盤作りをしようとするが、その計画も順調に進んでいなかった。[3]

合祀が停滞するなかで一九五六年に厚生省側から提案されたのが、靖国神社合祀事務協力の申し出であった。具体的には厚生省が特別の予算を付けて「今後三年間に大部の合祀を了《お》えようとするもの」であり、「従来靖国神社で選定し決定していた合祀者を、今后は都道府県が選定し、厚生省で決定して、靖国神社へ通知するということに改め」るというものである。[4] それは事実上「神社合祀事務の体系はこれを概ね終戦前のものに準じたものに改める」ということを意味した。陸軍省の戦前担ってきた役割を、そっくりそのまま厚生省とその地方出先機関が担うというのである。神社の担当するのは祭典を行なうことと、都道府県を通じて遺族に合祀通知状を送ることだけであった。[5] これは明白な政教分離違反の行為であったが、この提案を靖国神社側では受け入れることになる。

むろん都道府県の保管する戦没者に関する「原簿」のままでは、靖国神社側の抱えていた合祀事務の停滞の根本原因は解消されない。そこで特別の時限的な予算措置を施すことによって、遺族等援護法・恩給法にも対応できる網羅的情報を記載した「戦没者調査票」を作製し、合祀事務も行なおうというのである。厚生省引揚援護局復員課で作ったその「戦没者調査票」の雛形を見ると、戦没者の氏名、本籍・生年月日に始まって、「身分」の欄は軍人、準軍人、軍属（有給、無給、死後有給）、死亡時の所属、官等身分（死亡後、死亡前）に分かれ、「死亡状況」の欄は戦死、戦傷死、その他（在隊死、在郷死、准在郷死）、復員年月日、死亡年月日、公報年月日、死亡場所（内地、外地、記入欄）に分かれ、「資料」の欄は兵籍（完、不完）以下全部で一四種の書類の有無、完全か否かがわかるように記す形となっている。そのほかにも「恩典資料」として扶助料（裁定、進達、年月日）、合祀（年月日）や、「傷病、死亡の細部状況」の欄に受傷罹病年月日、傷病名、受傷罹病場所（内地、外地、記入欄）などの細部の記載欄があり、細かい合祀判定基準にも対応できる形式となっていることがわかる。[6]

そのうえでこうした「戦没者調査票」の作製が間に合わない一九五六年秋季合祀については、合祀基準を単純化し、「従来まだ一人の合祀者もない」敗戦後の一九四五年九月三日より一九五一年五月三一日までに外地において死亡した軍人、軍属で、遺族等援護法、恩給法の公務死認定を受けている者のみを合祀対象とした。合祀対象者を「援護法、恩給法の裁定済み者とし」ているが、それは「この秋の合祀者に限」る「基準」と考えられていたのであり、この時点では「合祀予定者の資格基準については概ね従前の例に従う」ことを原則としていた。[7]

敗戦後降伏した日本兵が連合国軍の捕虜（POW Prisoner Of War）でなく、非武装軍人（JSP Japanese Surrender Personnel）とされたのは、日本軍将兵が降伏して捕虜となることを拒否することを恐れて、日本軍当局が降伏した日本軍人について捕虜ではない待遇を要求したためでもあった。これによって、抑留された元日本兵はジュネーブ条約の捕虜の待遇を受けず、イギリス軍など連合国による過酷な強制労働に従事させられることになり、東南アジアの英軍抑留者、ソ連軍のシベリア抑留者をはじめ相当数の死者も出ている。[8] 一九五六年秋季合祀が対象としたのは、それらの戦後に抑留された犠牲者であった。

その後五七年春季合祀ではアジア太平洋戦争期の戦地の戦没者を、五七年秋季合祀ではこれに加えてアジア太平洋戦争期以前の戦没者の合祀未済者を合祀する。[9]この三回の合祀によって、新たに合計五八万二六一九柱の祭神が合祀されることとなる。[10]

ただし厚生省側の計画は、もともと三年間を期限に一九五九年春合祀で大部分の合祀は完了する予定のものであった。ところが靖国神社側の合祀事務能力を危惧していた厚生省自体が、現実に各地方世話課を督励して「合祀事務協力」を始めてみると、「合祀予定者の選考、祭神名票の調製並びに祭神名票の送付の方法及び時期等について」の「事務処理が適格でないものが多」く、[11]「祭神名票にも相当数の重複が」合祀後になって「発見されるような状況」が生じ、[12]しかも都道府県によって事務の進捗度に差があり、「このままでは合祀事務上著しい差ができ、このましくない事態が生ずることも懸念される」状態に直面することになる。[13]しかしそのような事態にもかかわらず、一九五七年六月時点では今後の合祀予定者数は約七〇万と予想して、靖国神社側では神社の創立九〇周年の一九五九年までには、合祀済みとなることを期待していた。[14]

だが実際には、一九五六年秋季合祀から一九五九年春季合祀までで実に八八万九一七〇柱を合祀したが、[15]合祀予定者の数は当初予測を超えていた。合祀範囲の拡大にともない合祀事務は難航し、到底創立九〇周年には間に合わないことになる。

公務死認定の合祀要件化

戦後の合祀基準の特徴は、戦没者が基本的には公務死またはそれに準じる認定を国から受けていることが、靖国神社への合祀の基本的要件となったことである。これは前述のように占領期から、戦死公報の記載で公務死と認定して合祀資格を与えていたものと思われるが、一九五二（昭和二七）年の戦傷病者戦没者遺族等援護法（以下、遺族等援護法と略称）の成立と一九五三年の恩給法の改正を経て、その公務死裁定が一九五六年以降合祀資格として認められるようになっていく。

その際、遺族等援護法や恩給法での公務死裁定は、戦争全体の評価を棚上げして、国家や軍の命令に従った国民の行動を公務上の行為と認定し、雇用者責任の観点に立ってその遺族に援護や補償を行なうものであった。その公務死裁定では、戦前と戦後の国家の連続性を重視し、戦前の軍人軍属の既得権がおおむね保護される傾向にあった。それは過去の戦争の歴史的評価に踏み込まないことで、異なる意見の国民の合意を取りつけようとするやり方であったが、「逆コース」の時代に制定された法にふさわしく、戦争を公務と認めることで過去の戦争に肯定的だった。言いかえるとそれは敗戦という事態を踏まえて、過去の日本の戦争の明確な否定に立脚して、その戦争被害者に補償するという考え方に立つものではなかった。戦争の肯定に立脚するか、その否定に立つかで、戦争犠牲者の内容は大きく違ってくることになる。

この点に関し秦郁彦は、遺族等援護法などで「公務死」裁定を受けた者は、「ほぼ無条件で合祀の対象者とする方針を採用」したと述べ、これを「実質上の主導権を確保したい厚生省側」のもくろみに基づくものとしながら、援護法などの連年の改正で「公務死」の範囲が拡大したことは、「合祀範囲を広げようとする援護局と神社の意向に見合っていた」という。さらに「援護法と合祀事務協力をセットで処理する方式」は、「援護局側としては調査事務がほとんど重複するので、祭神票を作成するマンパワーと経費を大幅に削減でき」、靖国神社としては法的認知を受けた戦没者であるという説明ができたからだと推測している。[16]つまり「公務死」裁定を合祀基準としたことは、厚生省側と靖国神社側にとって、「合祀範囲を広げ」る点でも、「経費」の「削減」の点や国家的な承認を受けた戦没者という点でも、たいへん好都合だったという理解を示している。

しかし遺族等援護法などの「公務死」裁定が、「ほぼ無条件に合祀」に結びついていたという秦の説明には、一定の限定が付くだろう。一九五四年三月の引揚援護局復員課の文書では、「旧陸軍関係靖国神社未合祀者（中略）約一五〇万柱の速やかな合祀を図る」ために、地方「世話課は、未合祀者中援護法の年金弔慰金を可決裁定された者のうち明確に戦前の合祀基準に該当する者について、あらためて速やかに合祀手続をする」ものとされている。つまりここでの合祀基準では、「援護法の年金弔慰金を可決裁定」された者の中に未合祀者がいたら「明確に戦前の合祀基準に該当する」者を基準に対象者を選んでいるのである。[17]それは一九五六年から始まった合祀事務協力の当初においても変わらず、戦時中の「基準を踏襲すること」が原則とされていた。[18]つまり公務死裁定は合祀の必要条件ではあっても、十分条件とは限らなかった。

一九五〇年代から一九六〇年代中葉までの合祀関係資料を見ていてまず気付くのは、靖国合祀の関係者が公務死裁定を合祀資格とすることに同意しつつ、相次ぐ法改正などによる公務死裁定範囲がどんどん拡大することに対する強い違和感を抱いていたことである。「合祀範囲を広げようとする」ことに、遺族会と遺族関係議員は熱心だったが、援護局の合祀担当者や靖国神社側は、それにはかなりの距離感をもっていた。むしろ公務死裁定の拡大によって、戦前の合祀基準との大幅な乖離《かいり》が起きて合祀の一貫性が保たれないことを恐れていたようである。そのため新たな公務死裁定を得た戦没者に関し、合祀の決断を避けて「保留」を続けている場合がしばしば見られたのである。

そして、戦争末期の一九四四年七月一九日付けの「靖国神社合祀資格審査内規案（要約）」は、一九五七年一〇月に靖国神社調査部によって「参考資料」として配布されており[19]、一九六二年三月には、「合祀予定者選考基準」第一三類で、満洲事変および日中全面戦争期の戦没者である合祀未済者に関し、この「合祀資格審査内規」に該当する者を「個別審査」で合祀するとしたのである[20]。したがって遺族等援護法などでの認定の仕事と未合祀者調査の「調査事務がほとんど重複する」わけではなく、地方都道府県の世話課の担当官にとって合祀事務は、公務死裁定以外の特別のハードルを意識させられる厄介な業務であったようである。

公務死の範囲の拡大

戦後という時代には、公務死認定とそれに準ずる者の範囲は、遺族等援護法などの連年の改正で止めどもなく拡大していく。これは靖国への合祀問題と切り離された、遺族の経済的援護を目的とした独自の論理で推進されていった。遺族等援護法の一部改正は、恩給法の一部改正の場合と違って、その改正がすべて全会一致の決定によっており、議会に議席をもつ自民党から共産党までの合意できる範囲での改正が行なわれていた。前述のように遺族等援護法では過去の戦争の評価を棚上げしている点が特徴であり、逆にそこには戦争被害者の国家補償や援護に関する、さまざまな異なる考え方が流入し、「殉国」者に報いるための援護や合祀といった単一の論理では説明しきれないものがある。遺族等援護法の援護・補償が受けられる者は、国家との雇用関係または擬似雇用関係のある戦争犠牲者に限られているのだが、その範囲内で厚生省側の遺族等援護法の運用は、できるだけ被害者やその遺族に寄り添おうとするものであった。

とはいえ保守党の議員にあっては、伝統的な「殉国」の観念に近い死を認めようとする考えが法改正の中にあったことは間違いない。例えば一九五五年の遺族等援護法に附則第一一条を加える改正で、「終戦の非常事態に当たり」「いわゆる責任自殺をした軍人軍属」を、援護審査会の決議を条件にして「公務傷病」死と位置づけたのはそれに当たる。(21) そもそも靖国神社では、ある種の自決者の合祀を認めてきた伝統がある。それは戊辰戦争での勤王の立場での自決に始まり、日清戦後から始まる特別合祀においては、「公務に起因せる自殺」（日清戦争）や「戦地に於て自殺したる者等にして其の情状特別合祀と認むべき者」（日露戦争）が合祀対象者として挙げられているのであった。この自殺を肯定的に評価する伝統からいえば、「敗戦の責任」を感じて自殺した責任自殺者、諸種の理由で降伏を肯《がえ》んじないで自決した者は「殉国」者であり、靖国神社への合祀にふさわしいということになる。(22)

ただし遺族等援護法などの相次ぐ改正は、もっぱら困窮した遺族を助けようとする観点から行なわれており、公務死裁定されるものは戦前の公務死の範囲を大きく越え、従来からいえば公務死とはみなされなかったものを公務死と裁定する事例が増えていく。その結果、遺族等援護法に関する厚生省援護課当局の解説によれば、最終的には「公務傷病」とは次のように簡明に定義できないものとなったのである。

本法では、何が公務傷病であるかの定義規定は置かれていないが、抽象的にいえば、軍人軍属としての公務の遂行と、その受けた傷病との間に、相当因果関係が認められるときには、その傷病を公務傷病ということができる。

したがって、ある傷病が公務傷病とされるには、公務の遂行及び公務と傷病との間の因果関係の存在の二つが必要であるが、一面において、言葉の本来の意味においては公務と言いがたいものの中にも本法の立法趣旨からみて公務に準じて取り扱い、これによる傷病を公務傷病として取り扱うべき場合（第一項参照）があり、また、他面において、公務と傷病との間に因果関係があるか否かの認定が困難な場合に、ある事実があれば当然これによって法律上公務傷病とみなし、特に因果関係の認定を要しないこととすることが適当な場合（第二項から第四項参照）が考えられる。

たいへんもどかしい説明だが、このうち例えば第一項の例を見ると、「具体的には、軍人として勤務中に上官から受けた体罰がもとで傷病を受け援護審査会で公務傷病と同視し得ると認められた場合が該当する」という。これは内務班で日常的に見られた、上官による暴力的な私的制裁を意味するものだが、「軍人である身分や職責をもっていたことが不慮の災難を招く原因とな」ったと判断したことから、「公務傷病と同視しうると認め」たものである。「上官」の「体罰」は「言葉の本来の意味においては公務と言いがたいもの」であるが、軍隊内の「身分」の下の者にとっては避けられない「不慮の災難」であるため、「公務傷病」とみなすというこの論理は、実質的には国家による不法行為の犠牲者への補償を認めるものともいえる。とはいえここではもちろん、国家による不法行為を認定しているわけではない。

また第三項の例を見ると、前述のように日本が降伏条約調印後に連合国に抑留されて強制労働に服した、前述のＪＳＰ（非武装軍人）がこれに当たる。その一人一人の強制労働の実態と傷病（死）との「因果関係」は資料上から「認定が困難」であるが、ＪＳＰは「自己の責によらない理由により傷病にかかった」として、「法律上公務傷病とみなし」て処理するのが「適当」であるとしたのである。(23)ＪＳＰの被害は、連合国側の報復とも受け取られるものだが、降伏した日本軍将兵を国際法上で認められている捕虜としないことを要請した日本政府にもその責任はあった。そこでは公務死の観念が、徐々に変容していると見ることができる。

2　合祀基準の変容

公務死の拡大への対処

厚生省と靖国神社では、比較的簡単な基準での合祀が終了した一九五八（昭和三三）年春季合祀以降の合祀準備のなかで、公務死認定の難しい者や、遺族等援護法の一部改正によって生じた公務死の拡大にどう対処するかという課題に直面することになる。また一九五七年六月になって合祀基準を含む合祀のスケジュール全般に関して、援護局側と靖国神社側の「連絡会」がはじめて開かれるようになる。(1) しかしこの会議に提出された書類によると、合祀基準に新例を開くことに関しては、今後「別に国家的審議機関が設けられて個々について審議決定されることになるものと予測される」と記されており、(2) 憲法上の厳格な政教分離の規定の意味を、厚生省と靖国神社の関係者がほとんど理解していないことが推測される。

こうしたなかで一九五八年秋季合祀から、合祀の判定に重要な情報である「死亡の時期及び場所」と「身分及び死亡事由」を指標にして、「合祀予定者選考基準」（この時には「合祀基準」と呼ばれていた）を定める方式が発足する。この「合祀予定者選考基準」は、地方自治体の担当部局が合祀候補者を実際に選び出す作業のために示されたもので、その基準ごとに第何類と番号が付いていた。この「合祀予定者選考基準」には、二種類のタイプの異なるものが含まれていた。第一は、従来の主要な合祀者の選考基準を改めて第何類として提示して、これまでの合祀漏れを見つけ出したり、従来の基準だけでは見落としやすい合祀資格者を、集中的に探し出したりするために設けられた基準であった。第二は、遺族等援護法の成立やその後の改正によって、新たに公務死と認められたもので、この新基準を新たな合祀資格と認めるものであった。厚生省では、こうした形で少しずつ公務死認定の拡大を容認する方針を決定するようになる。

一九五八年四月の時点ではこの「選考基準」の第一類から第六類までが決められたが(3)、その四年後の一九六二年三月までには「選考基準」は増加して、第一五類までが定められることになる。この第一～第一五類には上記二つのタイプの「選考基準」が混在しており、一五ある類のうち七つの類および一つの類の一部が、第二のタイプである戦後の新しい公務死認定に基づく「合祀予定者選考基準」であった(4)。ここでは、第二のタイプの新基準を中心に説明していきたい。そこに厚生省当局が、公務死認定の拡大という事態にいかに対処したかが示されているからである。

この時新たに合祀することが決まった「選考基準」第二類は、遺族等援護法第四条二項で公務死裁定があったアジア太平洋戦争期の「戦地みなし公務」「拡大公務」といわれる条項の該当者であった。これは一九五五年の遺族等援護法の改正で生まれた条項で、戦後の公務死の拡大の論理の一面をよく示している。この四条二項は、軍人軍属がアジア太平洋戦争期「以後戦地における在職期間内に、傷病に罹った場合で、その傷病が故意又は重過失によるものであることが明らかでないとき」には、遺族年金および弔慰金の支出に関しては公務上受傷罹病したものと援護審査会が判定を下して支出する、という規定をさしていた(5)。

この規定は自由党の山下春江の提案によるもので、山下は従来の公務傷病の認定基準が狭きに失すると指摘し、もともと公務傷病か否かの判定は、兵が甲種合格の体格をもち、適切な医療体制が前線にも備わっていることを前提に行なわれているが、アジア太平洋戦争期には従来なら召集されない「弱兵」も召集され、兵站《へいたん》線も途絶えて医療も整わない戦地で罹病するものが多数出ている状況だったというのである。つまりこの過酷な状況下では、従来「平病死」と認定されていた者の中にも、公務死である「戦病死」の認定に該当する者がいるというのが山下の主張であった(6)。四条二項の規定は一見するとかなり乱暴なもののように見えるが、これはそれなりの実体的根拠のある説明となっている。この「戦地みなし公務」の規定の適用による公務死裁定済みの者を合祀すれば、むろん戦前基準にはない新たな種類の合祀者となる。厚生省引揚援護局と靖国神社側により、「戦地みなし公務」による公務死者を合祀するという判断がされたのは一九五八年のことで、この規定ができてから三年が過ぎていた。後にこの第四条第二項は、一九六四年改正で日中全面戦争期の事変地中国での戦没者にも認められるようになる(7)。

やはりこの一九五八年秋季合祀で新たに合祀を認められたのが、軍人軍属であって遺族等援護法附則第一一条に該当する敗戦時の責任自殺者であった。援護審査会の議決を条件に公務死と認められた責任自殺者は、「選考基準」第五類の丙（後に三と改称）によって合祀されることになる(8)。

しかし恩給法の特例法適用の戦没者の合祀に対しては、援護局と靖国神社側に強い抵抗があった。「内地」での公務死没者の拡大を認めたのが、一九五六年に成立した恩給法の特例法である。この特例法では、営内居住の軍人に限って「勤務関連傷病」という「公務傷病」より広い概念を新たに作って（なぜか引揚援護局と靖国神社関係書類では、これを「服務関連傷病」と呼んでいる）、一九四四年一月以降の戦争末期を中心に、内地でもその「勤務」に「関連」のある傷病死者なら公務死没者として認めることにし、その遺族に対し、遺族等援護法の弔慰金の支給を行ない、恩給法の公務扶助料に関しては、特例扶助料として公務扶助料の一〇分の六を支給することとした。実際に戦争末期には、「内地」でも場所によっては極度に生活条件の悪い地域が見られたからである。しかしこの特例法での内地死没者の救済は、恩給法の長い歴史のなかで従来の原則を破る決定であり、各方面に大きな衝撃を与える。(9)

戦前においても、内地の動員業務関係の公務死亡者については靖国神社に合祀されることになっていた。しかし単なる内地での演習中の傷病死没者や、航空機・特攻兵器の訓練中の殉職者などに関しては、必ずしも「合祀」の判定とはならず戦時下から「保留」「後詮」（後日詮議）の扱いを受けていた。(10)そうしたなかで引揚援護局の決定は、特例法の「勤務関連傷病者」全員の合祀は認めず、一九五九年秋季合祀で、「選考基準」第七類として軍人軍属で内地の公務死者の一部を合祀するとしたものであった。第七類で合祀対象とされたのは、一つは航空機・潜水艦・特攻兵器の試験運転の殉職者、もう一つは陣地構築などでの事故死者、残りは病院関係者での伝染病感染死者である。(11)これは特例法での公務死裁定者の一部だけを認め、合祀該当者の幅を少しだけ広げた決定といえよう。

また一九六二年三月には「合祀予定者基準」の第一一類に「軍人軍属であって未帰還者に関する特

別措置法の規定により戦時死亡宣告をうけた者」を合祀することとした。これは第二次世界大戦後、連合国に抑留された未帰還軍人で、さまざまな情報からその死亡が推定され戦時死亡宣告で法的にその死亡が確定した者のことである。(12)

合祀範囲の拡大と軍法会議問題

その後も、特例法の適用者である「勤務関連傷病」死者の合祀に関しては「保留」が続いたために、公務死裁定を受けたはずの戦没者の合祀「保留」が多くなった。そのため厚生省援護局によると、一九六四（昭和三九）年には「最近合祀保留となっている戦没者の遺族から靖国神社に対し、合祀保留事由等の照会が多くなっており、同社としては合祀未済戦没者の氏名等を把握していない関係上その都度厚生省に照会せねばならない状況であって、遺族のうちには合祀の決定はあたかも厚生省が行っているものと誤解しているものもある」といった状態が生じてくる。(13)むろんこれは「誤解」ではなく、正解であった。この種の、靖国神社が遺族に不信感をもたれ、厚生省の政教分離違反が疑われる可能性が浮上することを避けるために、厚生省援護局が地方都道府県の担当者に提案したのは、「靖国神社合祀未済の旧陸軍関係全戦没者（特別未帰還者を含む）の氏名、身分、死因等に関する資料をなるべくすみやかに、おそくも昭和四〇年度末までに、その大部分を同社に提供」するという案であった。そこではとりわけ、日中全面戦争以降に死没した未合祀者である服務関連死没者（特例法の勤務関連死没者のこと）と、やはり未合祀者である外地にあって抑留されて復員しない民間人である特別未帰

であろう。

還者の資料が重視されていた。この二類型を靖国神社が自主的に合祀する便宜を図ろうとしたもの[14]

しかしこの援護局の案は、合祀事務を担っていた担当各都道府県には不評であった。「遺族の誤解を一掃するというような目的のみで都道府県にこのような作業を負担させる必要があるかどうか再考願いたい」とか、「合祀未済者の合祀を促進するためには、合祀基準を緩和することが第一要件で、現在まで都道府県に実質上は全面的に合祀事務を担当させておいて、今ごろ神社が合祀事務を進めるという考え方は、一考を要するものと考える」などの意見が飛び交う。しかも実際上は、「現段階では、資料の完全なものはほとんど合祀されており、残されたものは調査の手掛りの容易につかめぬものが大部分であり（中略）苦慮している状況である」ので、未合祀者の資料を神社に提供するといっても調査に時間を要するというのである。[15]ここにはこれまで合祀事務を全面的に担ってきたのが自分たちだという自負心と、逆に彼らが憲法の政教分離規定に関してはほとんど理解していなかったこと と、戦前基準にこだわって新しい範疇の公務死者を合祀しようとしないでいる厚生省や靖国神社への反発が読み取れる。

結局は厚生省援護局では一九六六年一月になってようやく、一九六六年秋季合祀の予定者として、恩給の特例法の適用者である「服務関連死没者」の合祀を決定する。この合祀を決めたときは、特例法の立法からすでに一〇年が経過していたのである。「合祀基準を緩和」する方向は、都道府県の要望に応えて渋々といった形で進んだのであった。[16]この特例法の適用者については、第何類という合祀のグループ名は与えられていない。

なおこの特例法の適用者に関しては、「勤務関連傷病」は概念の曖昧さのゆえかその判断が難しかったらしく、誤判定の報告も行なわれている。一九六七年七月には京都府援護課からすでに合祀済みの二名について祭神の取り下げの書類が提出されており[17]、さらに一九七二年四月には遺族等援護法第三四条二項による特別弔慰金裁定者を再調査した結果、「『勤務関連なし』『入隊前発病』等弔慰金誤裁定」が一五件見つかる。そこで一五件のうち「本年度進達予定」の八件は新たな裁定を待って合祀取消しの「上申」をすることとするが、すでに七件は前年に「合祀ずみ」であることが発覚する。この七件については、「誤裁定の弔慰金は取り消さずこのまま不問に付す」ことが決められたが、合祀の取消しを求められた「神社側」からは「合祀取消をするのはむつかしい」という回答だった。誤判定が「京都だけでこれだけあれば全国では相当あると思う」というのが担当者の感想である[18]。

また一九六九年から靖国神社国家護持法案が国会に上程されるなかで、一九七〇年一一月には、これまでのように厚生省「当局及び各都道府県が合祀事務を直接担当し、あるいは特定宗教団体に特典を与えているような誤解を招く」おそれの高い「靖国神社合祀協力事務」の廃止が提案され、地方から提出されるのは従来の「祭神名票」に代わって「戦没者身分調査票」となる「戦没者の身分等の調査」の事務が発足することになる[19]。ただしこの名称変化によって、実質的な事務の中身に大きな変化があったわけではないが、もはやこの段階ではアジア太平洋戦争の戦没者の多くは合祀され、靖国神社でも祭神に関する資料は蓄積されていた。

そしてこの頃から靖国神社では、公務死の拡大に対して、事前にその合祀に歯止めをかけようとする動きも生まれてくる。一つには、平病死遺族年金などのケースの合祀を防ごうとする措置である。平病死遺族年金とは、例えば傷痍軍人であって公務傷病の重傷者の障害年金受給者が平病死亡した場合に支給される制度のことであり、傷痍軍人の軽傷者・勤務関連傷病者が平病死亡の場合支給される年金は、障害者遺族特例年金と呼ばれている。平病死には交通事故死も含まれる(20)。どちらの場合も傷痍軍人遺族向けの特別の年金で、平病死者一般に向けたものではない。

もう一つは、軍法会議での刑死者を救済するために生まれた、一九七〇年の遺族等援護法改正による附則第五条、一九七一年の遺族等援護法改正による附則第七条への反発である。この軍法会議刑死者問題は、戦争末期の飢餓状態にあったニューギニアの東のブーゲンビル島で、敵前逃亡の罪で軍法会議にかけられ処刑または獄死した軍人らの問題として浮上したものである。処刑・獄死した軍人らの遺族は、公務死裁定が受けられなかったのであるが、遺族はその敵前逃亡と軍法会議が開かれたという事実が虚構であると訴え続け、厚生省の援護審査会が再審査を開始することになる。飢餓状態のブーゲンビル島では兵営にいても食糧は供給されず、やむなく兵士はジャングルの中を食糧を求めてさまよって歩き、二〜三日後に原隊に復帰するということを繰り返していたようであり、それが敵前逃亡とみなされたというのである。この再審査開始の報道が、一九六九年七月の『朝日新聞』紙上でなされた(21)。それとともに結城《ゆうき》昌治《しょうじ》が『軍旗はためく下に』の中で、このブーゲンビル島の軍法会議問題を取り上げ、一九七〇年に直木賞を受賞したことでこの事件は広く知られることとなった。

またこの問題に関しては、敗戦後の三回の大赦令によって敵前逃亡の罪をはじめ多くの軍刑法違反者は釈放され、または公訴権自体が消滅していたはずであり、新たに軍法会議にかけること自体が違法であった。その時点でも南方のこの島には大赦令は伝達がされず、違法な軍法会議が開かれていたと解せられる(22)。そこで一九七〇年の遺族等援護法の改正により同附則第五条で戦時中の軍法会議の、翌七一年の遺族等援護法の改正による附則第七条によって戦後の軍法会議の、判決を受けた軍人の刑死者・獄死者遺族に、改めて遺族年金を支給することになったのである。この附則第五条、第七条の文面はとりわけわかり難く書かれており、一見したところ過去の軍法会議判決の刑死者などを救済する条文とは理解できないが、この改正により公務死裁定が受けられることとなった(23)。

こうした状況のなかで、靖国神社は地方都道府県からの戦没者調査票の提出に関し、厚生省に要望を出す。それは上記の平病死年金に該当する死没者と、軍法会議刑死者・獄死者で遺族等援護法附則第五条・第七条で裁定された軍人の死没者に関しては、靖国神社に通知しないようにという要望である(24)。つまりこれらの者は遺族等援護法による公務死裁定はされたが、靖国神社ではその合祀は拒否するという意思を示したものだった。靖国神社ではアジア太平洋戦争を「大東亜戦争」として肯定する立場から、戦後の大赦令で否定されたにもかかわらず、戦前の軍刑法と軍法会議判決がいまだに生きているのである。

例外としての朝鮮人・台湾人元軍人軍属の合祀

一九五九（昭和三四）年から六〇年にかけて、朝鮮人・台湾人元軍人軍属の合祀が行なわれる。この朝鮮人・台湾人元軍人軍属の合祀は、いわゆる国籍条項によって遺族等援護法の適用が彼らにはない以上、遺族等援護法の公務死裁定またはそれに準じる認定を受けた戦没者を合祀するという戦後の合祀の原則には反する合祀であった。そのためか「合祀予定者選考基準」の一五類の中には含まれていない、例外扱いの合祀である（なお前述の恩給の特例法の適用者や、法務関係死没者といわれる戦犯の合祀についても、一五類中には含まれていない）。なお朝鮮人・台湾人の合祀は、その戦死公報によって公務死と認定したものであろうか。合祀と同時期に厚生省から朝鮮人の戦死公報が発行された記録が残っている[25]。合祀者数は、後の一九七五年頃時点では台湾出身者二万七六五八人、朝鮮出身者二万六三六人であるという[26]。この合祀に至る経緯は、『新編靖国神社問題資料集』からは十分にはうかがうことはできない。

ただ、援護局側と靖国神社側の合祀事務に関する第一回連絡会（一九五七年六月）には次のようなやりとりがあった。

七　朝鮮、台湾人で未合祀の資料はあるか（鈴木部長）

陸軍側の応答（板垣課長）

1．朝、台人の戦死者の資料は陸軍関係には有るが遺族が不明であり戦死状況詳細なる資料はない。

2．海軍も陸軍と同様である。[27]

そして一九五七年一〇月には、「今後詮議を要するもの」の中に、

五、台湾、朝鮮人　　保留しあり

1．軍人、軍属で戦死戦傷死せるものは合祀の例あり

2．軍夫は大体に於いて作戦行動に随伴し、戦死戦傷死せるものは認めたる例あるも、その他の場合の死歿は詮議しあらず。[28]

と記されている。ここまでは、その合祀にさして積極的とも思われない印象がある。ところが靖国神社側との第四回の打合会（一九五八年四月）では、一転して以下のように合祀の実施が決まる。

二、旧海軍側として阿部事務官より説明

3．尚朝鮮・台湾出身者を昭和三十四年四月合祀出来るよう名票準備を行う予定である。

4．陸軍側も準備することとする。[29]（三浦）

旧海軍側の提起で合祀が決まったらしいが、なぜ合祀に踏み切ることにしたのか、その理由はわからない。日本人の場合には、遺族からの要請や運動に応えて合祀する面もあったが、そうした要請や運動が朝鮮人・台湾人遺族にあったという記録もない。

なお一九五九年から六〇年に合祀された朝鮮人でいえば、旧陸軍関係者が七一二〇名に対し旧海軍関係者が一万二五五一名で旧海軍関係が多く、戦前期に合祀された者を含めても陸軍関係七二六九名、

海軍関係一万二八一七名で海軍関係者が多い（この両者の合計数は二万八六名であり、その後の追加合祀を含む上記の二万六三六人より少なくなっている）。このことと旧海軍側の提起ということは、関係があるのかもしれない[30]。

この合祀された戦没者は、戦病死者を含まない戦死・戦傷死者に限られている可能性が高いと思われる。旧植民地人は遺族等援護法の適用除外となっている以上、その合祀基準には戦時中の合祀審査基準を用いたのではないかと思われ、とすると「台湾本島人たる軍属」に関しては「当分の間戦死、戦傷死に限り合祀」という方針を踏襲したのではないかと考えられるからである[31]。また戦犯裁判の刑死者・獄死者は、ここでは除外されており、のちの一九六六年に四九名の戦犯裁判関係の朝鮮人・台湾人が合祀されている[32]。

台湾人に関してみると、一九六〇年二月、「台湾人元軍人軍属死亡整理名票送付証」が厚生省引揚援護局復員課事務官三浦祐造から靖国神社宛に送られたが、その内容は戦没者の所属部隊別の人員を記したものであった。これは同年六月に一部訂正されて「台湾関係死没者祭神名票部隊別内訳表」となるが、それで見ると総計一万二一三五名の戦没者についての表であり、前述のように台湾出身の合祀者数は後に合計二万七六五八名となったことから、その半数以下の内訳にすぎない。つまり一九五九年～六〇年には台湾人の合祀は、あまり進んでいなかったと考えられる。しかしその中で八四四五名を占めるのが台湾特設勤労団（第一回～第三〇回）の人員である[33]。台湾特設勤労団とは、太平洋の島などを占領した日本軍の糧秣《りょうまつ》補給を現地生産するため、台湾人を一定期間訓練して農業技術指導員とし、日本軍の占領地に送り込んで、その地の現地人を指導して作物の栽培をして補給を安定させる役割を担った軍属だった。戦死したら「靖国神社に神として祀られる」と隊長が訓示して派遣されたという[34]。ただし軍属といっても、その身分は傭人《ようにん》である軍夫にすぎない[35]。

これにニューギニアに派遣された、やはり軍夫である台湾特設農業団と高砂義勇隊を合わせると九〇三八名となり、これら軍属が全体の約四分の三近くを占めていた。しかし戦後独立した朝鮮人や台湾人戦没者の遺族には、合祀を栄誉と受け取らず、対日協力者と見られることを迷惑と受け止め、補償を長い間行なわない日本の戦争責任を問う動きも生じてくる。厚生省と靖国神社側にはそのことへの想像力が欠けており、遺族にはその了承を得ない一方的な合祀に反発する者も現れてくる[36]。

なお、もう一つの例外的合祀は平和条約第一一条関係死没者と呼ばれる、戦犯死没者の合祀である。ただしこの問題は、戦没者の合祀を主題とする本書のテーマから外れるので、深くは取り上げない。ただ一つ言っておきたいことは、戦犯死没者の扱いが遺族等援護法と恩給法ではやや異なっていることである。遺族等援護法では一九五三年の改正で、戦犯死没者を公務上の傷病により死亡した者と同視することを相当と厚生大臣が認めれば、遺族年金・弔慰金を支給するとした[37]。ここでは厚生大臣の判断で、その死没が「公務死」と認められているといえよう。しかし恩給法では一九五四年の改正で、その遺族は「公務扶助料と同額」の扶助料を給されると記されるにとどまり、戦犯死没者が「公務死」であるとの「明定」は意識的に避けられている。そのためかA級戦犯でいえば、判決前に獄死した松岡洋右《まつおかようすけ》と永野修身《ながのおさみ》の遺族は恩給法の適用が受けられないとされて、恩給よりはるかに少額の遺族等援護法の遺族年金を支給されるにとどまった。(38)「公務死」をめぐって国の二つの機関の判断が微妙に異なっていたことは、合祀にも影響を与えるものであった。

また、靖国神社の中に戦犯死没者の合祀に肯定的な流れは早い時期からあったが、それは留保付きであったということである。戦争受刑者世話会の原忠一常務理事の戦犯裁判で「拘禁中死亡した者」の合祀要請書簡に対し、一九五四年九月の靖国神社事務総長大谷藤之助の回答は、「御懇請《こんせい》の趣《おもむき》当然可然《しかるべく》」とその要請を認めるものであった。靖国神社側では国内での戦犯釈放運動の高まりを世論の大勢と考えていたと思われるが、大谷の回答ではその実行には「適当の時機に個人詮議に依り」という二つの留保が付いていた。(39)この合祀を容認するような世論についての「時機」の見きわめと、それぞれの裁判の妥当性に関する「個人詮議」をするという二つの留保は、厚生省引揚援護局側も共有する観点であった。それは合祀にブレーキをかけることにも、逆に合祀を推進することにもなりうるものであったといえよう。特に一九五九年春季合祀で戦犯刑死者・獄死者の合祀が行なわれることが報道されると、それへの批判がマス・メディア上のみならず靖国神社への手紙・電話などで多数寄せられる。そのような予測を抱いていなかった靖国神社にとってこれは意外な反響だったようで、(40)その後秘密裏にＢＣ級戦犯刑死者・獄死者の合祀を進めるようになる。

3　民間人の合祀問題

準軍属の範疇

アジア太平洋戦争の特徴の一つは、特にその末期において非戦闘員である民間人の戦没者が激増したことにある。「軍属に準じる者」とは一九五二（昭和二七）年の戦傷病者戦没者遺族等援護法第三四条の規定で新しく作られた身分であり、戦前においては（認定された者の死没時点では）存在しなかった身分である。そもそもこの規定は遺族等援護法の政府原案にはなく、右派社会党の山下義信《やましたぎしん》参院議員が中心となって議員修正して作られたものであった。この「軍属に準じる者」は一九五八年の法改正で「準軍属」と呼ばれるようになる（以下、準軍属と略称）が、その内実は戦没したまたは戦傷病を負った民間人であるといってよい。日本の戦争被害への国家補償は雇用者責任論に立っていたため、そこでは被災一般国民の一部を準軍属として国との雇用類似の関係があったと認定し、その戦没者には弔慰金三万円の支払いを行なったのである。[1] この国からの弔慰金の支払いによって、靖国神社への合祀の基礎資格が与えられることになる。

これは民間人への戦争被害補償の道を開くものであった。しかしなぜ特定の民間人の集団だけが準軍属と認定されたのかについては、その集団には戦争協力に関して国からの特別の法的強制力が働いていたという説明が行なわれているが、国民全体に国の戦争動員への強制力が働いていた以上、必ずしも十分な説明にはなっていない。準軍属の範囲は、政治的に決められていった印象がある。実際にアジア太平洋戦争期には一般国民の戦争被害に対しては戦時災害保護法が存在し、民間人の空襲被害などの戦没者には遺族給与金として一人当たり一律に五〇〇円の一時金が支払われていた。それは朝鮮人遺族にも支払われていた(2)。しかし戦時災害保護法は、戦後廃止されたまま復活することはなかった。そしてその代わりに、遺族等援護法の準軍属が生まれたのである。

またすでに説明したように、サイパン陥落以降、日本軍とともに戦って死んだ一般国民は軍属に取り立てると軍は約束していた。さらに一九五一年二月には厚生省復員業務課長から、「学徒動員令により軍管理監督又は所管の工場において勤務中戦死した者を靖国神社に合祀方申達される場合には、これを審査の対象として考慮する旨神社より申出があり、当方としても適当な処置と認め諒承しました」という(3)。軍需工場で働いていた勤労動員学徒の戦没者に関しては、戦死と同時に無給軍属に取り立てる規定が戦時中からあったようであり、靖国神社側でも合祀を認める意志があったことがわかる。いわゆる戦闘参加者と動員学徒は、経過からすると軍属化あるいは準軍属化することが予定されていたといって良い。しかしどこまでその枠を広げるかは、未知数であった。ここに準軍属の資格を増加させ、その認定範囲を拡大することで、民間人への戦争被害補償を実現しようとする運動が生まれてくる。

だが政府や有識者に見られるのは、財政負担が過大となることを恐れて、空襲被災一般国民にまで準軍属の枠を広げることに対する強い警戒心である(4)。また戦後という時代は、軍人軍属を中心とする従来の戦争犠牲者観に代わり、新たな戦争犠牲者が次々と発見されていく過程でもあった。したがって戦争犠牲者補償は、柔軟に新しい犠牲者に対応することができるような制度として設計されるのが望ましかった。しかしそうした発想のないままに準軍属の枠は狭く区切られ、やがて手厚く処遇されていったのである。

後者の点についていえば、一九五八年改正で戦時災害で公務死した準軍属の遺族に、これまでの弔慰金に加えて有期五年間、遺族給与金が支給されるようになっている。この時点では遺族給与金は年金ではなく、一時金の分割支払いと説明されていた。しかしこの規定は一九六三年改正で戦時災害要件が削除されて、例えば勤労動員学徒の場合、これまでは空襲被災だけが補償の対象であったのが、新たに軍需工場での作業中の公務傷病死に対しても対応するようになり、かつ有期五年の支給期間の制限はなくなり無期限の年金となっている(5)。つまり準軍属と軍属との処遇の差が縮まり、その支給に関してはいわば軍属化する傾向にあった。そしてその時から準軍属と、何も国からの補償を受けない一般戦災国民との処遇の差は、次第に大きく開くことになる。ずっと後のことになるが一九七六年、名古屋空襲で片腕を失った民間人女性三名が、彼女らが一九七四年からわずかな支給を受けていた障害福祉年金の年額一四万四〇〇〇円ほどと、遺族等援護法の適用を受けた場合の支給年額一八〇万円との差額の支払い、そして遺族等援護法が法の下での平等に反する違憲の法律であることの確認などを求めて、国を訴える訴訟を提起しているのはその著しい格差のゆえである(6)。

つまり準軍属の認定は、民間人戦災死者の間に差別を設けるものであったが、まだ一九五八年までは弔慰金三万円が支給されるか否かの問題にすぎず、その差別は小さな範囲にとどまっていた。しかし一九六三年改正で無期限の遺族弔慰金が支給されるようになり、その被災が戦時災害であることを要件とすることも外されると、この差別は次第に不合理さを増していくようになるのである。このなかで、遺族等援護法の解釈で準軍属の戦争被害者に寄り添う姿勢を示す厚生省の対応は、反面で一般戦災国民との格差を広げるものであった。

準軍属の中で最も早く合祀が始まったのが、現地軍部隊の命令に従って戦死したとされる戦闘参加者であったのは、それが最も軍人軍属に近い存在と理解されていたためであろう。戦闘参加者は一九五八年秋の合祀で、第六類として準軍属中では最初に合祀基準に含まれることになる(7)。しかし戦闘参加者の認定ほど難しいものはなかった。他の準軍属の場合には、たとえば旧国家総動員法の徴用者やその協力者の時は、戦時災害を受けた軍需工場が特定され、その軍需会社の徴用者名簿や協力者である報国隊《ほうこくたい》員名簿、勤労学徒の名簿や女子挺身隊《ていしんたい》員の名簿と、それに動員先の軍需工場の空襲被災記録があれば、準軍属の認定はほとんど自動的に可能である。実際に一九四五年七月二四日の空襲で被爆即死した京都製作所の五名の徴用工員は、死亡の原因となった受傷罹病、死亡の状況などが一覧名簿の形で示されている(8)。しかしある民間人が戦闘参加者として死没したのかどうかということになると、通常は戦闘参加者の名簿が作製されていたわけではなく、死没に至る経緯もさまざまであり、認定のハードルが高くなる傾向があった。一般空襲被災者との区別がなくなるからである。この第六類の戦闘参加者については、旧満洲と沖縄では認定状況が違うので、まず最初に認定が進む旧満洲のそれについて満洲開拓青年義勇隊員と絡めて論じたい。

旧満洲での民間人の死没者

一九五九（昭和三四）年秋季になって合祀された者に、第九類として準軍属の満洲開拓青年義勇隊の隊員がいる。これは「戦闘参加者に準ずる」と認定された受傷罹病死没者であった(9)。戦闘参加者自体が準軍属なのだから、それに「準ずる」とは準軍属のさらに準軍属を認めるような奇怪なものである。これというのも旧満洲での民間人の戦闘参加者の認定が、きわめて狭く絞られていたからである。

その「援護法第三十四条第二項（戦斗参加）該当者の業務処理要領」を見ると、民間人が「戦斗参加」（なぜか公文書では、戦闘参加の表示に略字を用いて「戦斗参加」と記されている場合が多い）したと認定できる関東軍中心の個別の戦闘を指定し、その戦闘ごとの詳細な「戦斗参加概況表」を作り、準軍属と思われる者が死亡当時の、戦闘参加を要請または指示をした陸軍部隊名、要請を受けた年月日や伝達の状況、勤務および戦闘などの状況を明らかにすることを求めている。そのうえで戦闘参加者と認定される際には戦没者の「身分」と「死因」が「基準」とされており(10)、「判定」の「一般基準」を見ると、軍との関係が細かく類別され重視されており、例えば「満洲開拓民で軍とは別箇に自衛戦斗を行い開拓地またはその周辺において戦死戦傷死又は自決を余儀なくされたもの」の場合、「満十七歳以上の男子のみに限定して」戦闘参加者と認定し、「その他のものは保留とする」とある。

また関東軍の「地上作戦の圏外に所在し敵の空襲ゲリラ戦等により戦死・戦傷死したもの」は「保留」、「軍と共に後退したが軍と途中で分離せる等軍との関係のない状況下にソ軍又は土匪《どひ》等の攻撃を受け死亡したもの」も「保留」、「国境附近にあった邦人でソ軍に捕らえられその直後において自決又は処刑されたもの」も「保留」、いわんや「収容所等において栄養失調・流行病等で病死したもの」は「保留」である。関東軍の戦闘と深い関係がなければ戦闘参加とは認められず、軍の具体的な要請や指示がなければ戦闘参加者認定は難しかった。また基本的には軍人に準じる「満十七歳以上の男子」が認定される条件となり、少なくとも少年兵の最低年齢である「満十四歳以上の男子」であることが重視されている。

ここには徹底的に関東軍中心主義の考え方が示されていた。(11)またここでは、敗戦直前の帝国議会における陸軍大佐の答弁やそれを受けた四次官の「申合《もうしあわせ》」などで、現地部隊長の明確な指示がなくとも、広く軍とともに玉砕した一般国民には「軍属の身分」を与えるとした約束が完全に忘れ去られていることがわかる。遺族等援護法の原案作成の過程で、戦時下の軍属の細かい年金などの制度が既得権益として考慮されていたことからすると、民間人に対するこの姿勢は不公平なものであった。なおこの満洲開拓団員と同様の扱いを受ける者に、「満洲開発要員」がいたというが、これは開拓団の指導員や満洲建設勤労奉仕隊員などを指すものであった。(12)

しかしソ連開戦とともに関東軍が朝鮮国境付近に撤退するなかで、陸軍と無関係に「自衛戦斗」を余儀なくされて戦没した多くのケースの民間人は、ことごとく戦闘参加者とは認められていない。この点では府県担当者からの厚生省当局への「質疑」で、「満十七歳以上の男子」のみを準軍属の該当者とする判断に疑問が出されている。すなわち「当時開拓団の男子は殆《ほとん》ど応召し、日ソ開戦直後に残った男子は老弱者のみで、寧《むし》ろ女子が終戦前後の団の主要な仕事に当たっていたのであるから、之等死殁者も適用するのが妥当ではないかとの府県の声は、相当強いものがある」とのことで、「主として婦女子を除いたのは片手落」ではないかとの意見である。これに対する引揚援護庁援護課の「答解」は、女子であっても「軍より具体的に作戦任務を課せられ、その任務の遂行中」に戦闘や戦闘幇《ほう》助《じょ》して戦死・戦傷死した場合は該当者とするというものである。この「答解」に接した京都府世話課では、婦女子の戦闘参加者を「現実において認めない主旨と解する」と朱書している。(13) 陸軍の現地部隊が軍事教練も行なっていない婦女子に「具体的に作戦任務を課」することなど、ありえないことを引揚援護庁では認定の条件としていると考えたためであろう。

つまりこうした戦闘参加者をきわめて限定する判断が行なわれたなかで、前述のように一九五五年の遺族等援護法の改正で、戦闘参加者に「準じる」扱いで満洲開拓青年義勇隊員が準軍属に加えられたのであった。満洲開拓青年義勇隊は過酷な訓練を経て満ソ国境地帯に配置されており、危険な負担を強いられていたことは事実であったが、それはソ連開戦のなかでの戦地の居留民の多くが戦争に巻き込まれた状態を十分反映した法改正ではなかったといえよう。ずっと後の一九七〇年二月時点では、厚生省でも「戦地における消極的戦闘協力者」として旧満洲では「一二万人ほど該当者がある」との認識を示しているが、その合祀についてはあくまで「研究課題」にとどめていた。(14) これには旧満洲開拓団員全体の利害を代弁して、厚生省との交渉にあたる公的機関が戦後には存在しなかったという事情もあった。

ただし厚生省としては、旧満洲の開拓民や一般邦人を遺族等援護法の戦闘参加者としてではなく、もっぱら海外からの引揚者や海外にあって帰国できない民間人の特別未帰還者として位置づけ、援護しようとしていたのかもしれない。海外からの引揚中の死没者に対しては、引揚者給付金等支給法（一九五七年）の遺族給付金によって、弔慰金的な性格の一時金を支給することが決まる。また在外一般邦人で、終戦後もソ連地域において抑留されている者に関しては、特別未帰還者給与法（一九四八年）でその家族にわずかながら給与の支払いを行なっていた。特別未帰還者給与法では当初は、中国共産党支配下に残留していた一般邦人は自発的に残留したものととらえ、援護の対象とされていなかった。これがやがて強制的な抑留下にあることが知られ、一九四九年の改正により樺太《からふと》、千島《ちしま》、北朝鮮、旧満洲、中国本土の残留一般邦人も適用対象者となることになった。そして一九五二年の遺族等援護法の成立で準軍属の中に、特別未帰還者の死没者が入ることになる。(15)

この特別未帰還者の死亡認定された者の靖国神社への合祀については、厚生省援護局ではこれもようやく一九六六年一月になって、一九六六年秋季合祀の予定者として、第二次世界大戦後に「ソ連及び樺太において抑留中死亡した」「特別未帰還者の死亡者」の合祀を決定する。その際合祀される特別未帰還者の中に地域の限定があるのは、「満洲で死亡した者については自らの意志で中共軍に入りたる後で死亡した者が、かなりあるがこれらを判別する資料がないので現段階では保留とする」と考えていたからであった。(16)「自らの意志で中共軍に入りたる後で死亡」しようとどうだろうと、もしその遺族が合祀を承認するならば、合祀資格を与えないのは思想差別ではないかとも考えられるが、なおこの時点では、戦中以来の「中共軍」敵視の姿勢が持続しており、それへの参加の可能性のある死没者の合祀は「保留」するという考えが生きているように見える。その後も一九六七年五月の検討会で、特別未帰還者中の中国での死亡者一八二四名について資料を「援護局に返戻し再調査する」としているが、「身分不詳」の者が一四九〇名を占めており[17]、「再調査」の結果合祀されたものは少なかったことが予想される。

なお南方進出企業社員などの南方開発要員も、軍とともに戦ったり戦闘行動を帮助した場合は、「戦斗参加者」と認められることになっている。この場合も「終戦後インドネシア軍の蜂起により収容所が襲撃された際死亡」した者が「戦斗参加者」とは認められないのは[18]、旧満洲の場合と同様である。いわんやアジアの民族独立運動に参加した死没者は軍人でも「非公務死」と認定されており[19]、民間人も同様であろう。ここには戦後の価値観の転換を前提とした戦争犠牲者観が見られない。

結局のところ旧満洲・南方などの地域での民間人の戦死・戦病死者は、戦闘参加者の認定で準軍属該当者の数を大きく絞られ、特別未帰還者の合祀で合祀の対象から外されたため、その多くが合祀されることにはならなかったのであった。

原爆と国民義勇隊員

一九五九（昭和三四）年七月、同年秋季合祀の対象として第一〇類「国家総動員法に基づく徴用または協力中の死亡者」が認められる。軍需工場に徴用者として勤務中、または勤労動員学徒や女子挺《てい》身《しん》隊員として勤務中、空襲などにより戦死・戦傷死した準軍属の合祀である。[20]この認定に関しては、陸海軍管理でない一般工場に徴用された戦災死者は合祀対象とならなかったようである。[21]ここにも軍中心主義の考え方がある。

そして一九六二年三月になって、第一二類としてようやく「国民義勇《ぎゆう》隊の隊員でその業務中に死亡した者」である準軍属が合祀されることになる。[22]国民義勇隊とは、一九四五年三月に本土決戦段階に対応して、従来の大政翼賛会《たいせいよくさんかい》・大日本産業報国会などを解散して、府県ごとに地域・職域・学校を単位に国民を再組織して、おもに軍の作戦の補助労働に従事させる組織であった。

しかしこの遺族等援護法で準軍属とされた国民義勇隊員は、その全員が広島で建物疎開作業に動員中に原爆投下によって被爆死した者である。遺族等援護法第三四条の弔慰金の規定に関して、一九五二年一一月には引揚援護庁援護局長名で「広島市に投下された原子爆弾により負傷し又は疾病にかかりこれにより死亡した者に係る弔慰金の請求手続等について」の通牒《つうちょう》が出されている。この国民義勇隊員は三種とされ、地域国民義勇隊員、職域国民義勇隊員、それに学校の学徒隊もしくは女子挺身隊員として、広島県知事などの命令による広島市の都市疎開に関する業務に協力していた者である。[23]

この勤労動員中に原爆被爆死した者に国家補償を要求する動きは、一九五一年一一月に広島市長浜《はま》井信三《いしんぞう》による政府・国会への「請願書」に始まるが、これは動員学徒や隣組員などが「公務」遂行中に被爆死したことへの遺族援護を求めるものであった。つづいて広島市長・市議会長名で、被爆死した国民義勇隊員と動員学徒の遺族への国家補償を求める陳情書が政府と国会宛に提出されている。他方で広島市では一九五二年一月一七日から二月五日の期間に、約七〇〇名の市政調査員を動員して国民義勇隊員や勤労動員学徒、徴用工などを戸別訪問して、被爆者の実態調査を行なっている。その結果三月二五日集計では、国民義勇隊などの死亡者は一万七八八名だという。(24) そして一九五二年三月二六日には衆議院厚生委員会公聴会で、元広島市議会議長の任都栗司《にとぐりつかさ》が、建物疎開への地域国民義勇隊・職域国民義勇隊・学徒隊などへの動員命令は、実質的に軍の承認のある命令であったことを申し述べ、その補償を求めている。(25) そして前述のように準軍属の条項の成立に大きく寄与した山下義信《ぎしん》参議院議員は、広島県の選出の議員であった。国民義勇隊員の準軍属の認定に際しては、上記の広島市で実施した原爆調査の調査票に記されていることなどが重視されていた。(26) このように国民義勇隊員の準軍属指定は、広島での地域ぐるみの運動を背景に実現したものであった。

しかしこの広島の国民義勇隊員の合祀に関しては、厚生省の旧陸軍側から強い反対があった。一九五七年一一月に靖国神社側と開かれた合祀基準研究会で旧陸軍側は、

原爆其他敵の攻撃により死亡したもの　一〇、三〇〇

学徒動員

女子挺身隊員

とし、これらは

主として広島県知事指揮命令下にあって疎開作業に従事していたものであって合祀基準内に殆《ほとん》ど該当しないものである。

この種のものは、民防空法、消防法により出動して死亡した者との関連もあって甚《はなは》だ問題を残すものである

との、合祀反対の意見であった[27]。

しかしすでに遺族等援護法の準軍属として、広島の戦没国民義勇隊員に公務死者として弔慰金が支給されていることは既成事実としてあり、それからするとその靖国神社への合祀資格は変えようがなかった。動員学徒を含む広島の被爆国民義勇隊員約一万人の準軍属化は、被爆者の一部を特別に援護するという意味では、被爆者全体から見ても不公平な援護政策であった。にもかかわらず、国民義勇隊員は広島の被爆戦没者という象徴的な存在であり、とりわけ動員学徒がその中心であることから、その人びとを靖国神社にも合祀する方針は否定し難かったのである。

そのため一九五八年六月になると厚生省の主張は、建物疎開作業は防空法第五条に基づいており、もしこの広島の被爆死の準軍属を合祀するなら、「他の防空法の規定による業務（疎開作業、防空監視防火等）に従事中死亡した者を如何《いか》にするかの問題がある」というものとなる。ここでは以前と同じ合祀反対論とも見えながら、ややトーンが変わって、広島の被爆国民義勇隊員と同様の法的拘束下の空襲被災死没者を、準軍属としたり合祀したりする可能性が模索されるようになっている[28]。そして広島での運動も、準軍属の対象者の拡大をめざすことで被爆者一般の補償・援護にまでつなげられないかと考えるようになる。なお広島の国民義勇隊員は、準軍属と認められてから一〇年目の一九六二年に第一二類として合祀されることになる[29]。それに続いて遺族等援護法の一九六三年改正で、準戦

地勤務の有給軍属（日赤救護員を含む）が準軍属となる。準戦地にはアジア太平洋戦争期の内地も指定されていた。

広島ではその後一九六八年には広島原爆被害者援護強化対策協議会が発足し、警防団員・防空監視員・医師・看護婦等防空業務従事者を準軍属として認定する運動が展開され[30]、その運動は、一九六九年改正による旧防空法の防空監視隊員の準軍属化に、一九七四年改正による旧防空法の防空業務従事者の準軍属化に、結実したのであった。しかしその改正では法の適用対象者が少なく、被爆者一般への援護には大きな距離があった。なお防空扶助令による扶助金の支給を受けていない警防団員の遺族には、一九六九年に自治省から特別支出金が支給されることになった。そのため上記の準軍属となった防空関係者のみならず、特別支出金の出された警防団員についても個別詮議のうえ、靖国神社に合祀されることになっている[31]。

このように広島での遺族等援護法の準軍属の制定・改正運動は、一方から見ると被爆者全体への国家補償を求める運動の出発点に位置するものであったようである。しかし後に原水爆禁止運動を踏まえて構想されるようになった被爆者援護法制定の運動者からは、遺族等援護法が「『戦争への貢献度』に応じた」援護であり補償であることを原則としているのに対し、これから求められる被爆者援護法は「『平和への貢献度』で考えられる性質のものだ」（森瀧市郎《もりたきいちろう》）と批判されることになるのであった[32]。

なお広島では平和記念公園内に一九五二年に原爆慰霊碑が建設され、碑の正面には「安らかに眠っ

て下さい　過ちは繰り返しませぬから」が刻み込まれ、毎年八月六日には死没者の名簿を奉納する儀式を行なうようになる。ここに、「平和」と「慰霊」を結びつけた独自の理念に立つ追悼施設が生まれることになり[33]、原爆犠牲者の一部が靖国神社の祭神となっていることの意味は薄らいでいく傾向にあった。

沖縄の「戦斗参加者概況表」

広島と並んで、数多くの民間人の戦闘参加者としての準軍属認定と靖国神社への合祀に特例を認めたのは沖縄であった。それは内地で唯一の、三ヶ月以上の長期にわたる地上戦の戦場となり、戦後は本土と切り離されて米軍占領下に置かれるという、特別の地だったためであろう。

一九五三（昭和二八）年の時点の、引揚援護庁復員局留守業務部長名で決められた「陸軍の要請に基づいて戦闘に参加した者」に関する「戦闘参加者についての申立書」の様式では、陸軍現地部隊の「要請又は指示を受けた当時の住所地」「要請又は指示をした部隊名」「要請又は指示を受けた年月日及び伝達の状況」「要請又は指示の内容又は目的」「行動を共にした部隊名所在地及び行動を共にした年月日」などを記す欄が設けられ、その中で自らの「勤務及び戦闘または行動の状況」について記すという形となっていた[34]。ここでは、軍属に準じる「戦斗参加者」であると認定できるかのポイントが、陸軍の部隊からの明確な要請に基づいた行動であるか否かにかかっており、そこでは軍の部隊による「要請又は指示」の存在がありその通りに行動したことが、民間人が国との雇用類似の関係に立つと認定される条件と考えられていたのである。それは旧満洲での「戦斗参加」の申し立てと同じく徹底的な現地軍中心主義の考え方に貫かれており、「戦斗参加者」の申請をする者は、この枠組みに合致した申し立てが求められ、そこから事実を粉飾する申立書の改竄《かいざん》が行なわれることになる。(35)

しかしこの「戦斗参加者」の認定は、「戦斗参加者概況表」と一体の形で「申立書」が書かれてこそ可能となる。一九五七年三月二八日〜五月一二日の期間、厚生省の担当官三名が「戦闘参加者調査のために来沖し、各地を回り関係者から事情を聴取し検討した結果、戦闘参加の内容を設定すると同時に援護課、各市町村に対し事務指導を行った」という。(36) この「戦闘参加の内容」の「設定」が「戦闘参加者概況表」と思われる。この「概況表」に戦闘参加者として認定された二〇類型のタイトルを示せば、次の通り。

①義勇隊、2直接戦斗、③弾薬、食糧、患者等の輸送、④陣地構築、⑤炊事、救護等雑役、⑥食糧供出、⑦四散部隊への協力、⑧壕《ごう》の提供、⑨職域（県庁職員、報道関係）、⑩区（村）長として協力、11海上脱出者の刳船《くりぶね》輸送、12特殊技術者、⑬馬糧蒐集《しゅうしゅう》、14飛行場破壊、⑮集団自決、16道案内、17遊撃戦協力、18スパイ嫌疑による斬殺、19漁労勤務、20勤労奉仕作業

以上のうち、○印は琉球政府調製、無印は厚生省係官調製にかかるものだという。ところが問題は沖縄戦の「概況表」が、全く新しいタイプのものであった点にある。旧満洲の「概況表」が「戦斗参加」に該当する軍が主役の個々の戦闘を詳細に記し、その「概況表」にない戦闘を無視したのと比べて、沖縄でのそれは沖縄県民の戦争協力の種類を、戦争被害の起きた原因によって分類する新しい形

式のものであったという点にある。それは沖縄戦ではそこら中で戦闘が行なわれているので、特定の戦闘に限定できないためでもあるが、その二〇項目の内容説明である「概況」を見る限り、明らかに本来の意味での戦闘参加者の指標とはならない類型が混入しているのである。

たとえば、⑦「四散部隊への協力」とあるが、「四散部隊」とはもはや「指揮系統を失った小部隊」を意味している以上、その部隊の命令は正規の軍命令ではなく、本来は無効のものだろう。⑧「壕の提供」とは、「四散部隊」も含めた各「部隊の」諸種の要請により、「艦砲、砲爆撃又は機銃《きじゆうそう》掃射《しや》、火炎放射《かえんほうしや》、ガソリンによる焼払いに晒《さら》されて死亡した者が相当多かった。（中略）又軍の最後の抵抗線、具志頭《ぐしかみ》、八重瀬岳《やえせだけ》、與座岳《よざだけ》、国吉《くによし》以南においては軍民混淆《こんこう》し壕を求め得ない者は死を宣告されたも同様の状態であった」とあり、これまた米軍の圧倒的火力から逃れる壕を求めて、日本軍が住民を追い出したことを示唆している。⑮「集団自決」も、現地軍部隊長が住民の「降伏」を禁じて「いさぎよく死花を咲かせ」と命令し、住民が「手榴弾《しゆりゆうだん》」などで「集団自決」したり、「個々に米軍に抵抗した後、手榴弾で自決したものもある」という内容である。ここでは住民の「降伏」を禁じていることが、集団または個別の「自決」を生み出す根拠となっている。この三項目は琉球政府の調製にかかるものであり、住民の戦争協力の実態を反映している。

また厚生省係官の調製にかかる18「スパイ嫌疑による斬殺」の内容を見ると、「日本軍によって行われたものと米軍によって斬殺された者の二つがある」とのことであり、前者には「投降勧告の行為をなし、又は米軍の指示によって投降勧告文書を持参して日本軍陣地にやって来た住民を斬殺したもの」という、「投降」を禁じる行為と結びついて住民を「スパイ」扱いしている場合もあった。それ以外にも「友軍陣地をうろついたためにスパイ嫌疑をうけ斬殺されたもの」などの事例があり、後者の米軍によるものには「バックナー中将が狙撃され戦死したとき、附近に避難していた住民は殆ど全部、その嫌疑又は報復手段により斬殺された」という(37)。

以上に見られることでは、戦闘参加者と認められる条件が旧満洲でのそれから事実上変化していることである。つまり戦闘参加といっても、日本軍の軍事作戦行動を具体的に支援する行動を意味するとは限らず、むしろ沖縄の住民が日本軍とその敗残兵や米軍による戦争被害を受けて死没した場合が含まれるようになる。そこでは背後にある戦争観、公務死観が、当初考えられていたものと違うのである。「戦斗参加者申立書」はもともと、現地軍部隊の命令を国家の正規の命令と仮定して、住民がその命令に忠実に従って行動したか否かを判定するものであった。しかしここでは軍命令には正しい命令とは限らないものが含まれており、軍の誤った強制的な命令に従ったことで被害が生じた住民を、「戦斗参加者」と認めているからである。遺族等援護法が過去の戦争の評価を棚上げしたということは、逆に時にはそこへの戦争のさまざまな評価を流入させることを可能としたのである。旧満洲では事実上否定された「婦女子」の「戦斗参加者」の認定も、沖縄には生まれてくる。むろん「戦斗参加者概況表」は「戦斗参加者申立書」の申請に際して利用されるものであったが、ただ「概況表」の類型に合致していることは、その「申立書」の裁定を拒否しにくい根拠となる。

二〇項目の中で、従来の軍中心主義の公務死認定の観点からでは認められないものの代表が、前述

満 14 歳未満戦闘参加、保留（該当予定）者一覧表（昭 35. 4. 12　未帰還調査部）

区分／年齢	ケース区分													合計
	弾薬運搬	糧秣運搬	陣地構築	道案内	炊事・雑役・救護	患者輸送	伝令	壕提供	自決	食糧提供	四散部隊への協力	保護者と運命を共にした者	射殺	
13歳	(49) 11	(61) 25	(32) 10	(3) 0	(92) 41	(3) 0	(3) 0	676	28	19	19		2	(243) 831
12歳	(4) 15	(13) 9	(9) 7	(3) 0	(32) 64		(2) 0	566	15	9	9			(63) 694
11歳	(4) 1	(13) 11	(6) 4	(1) 0	(14) 26			579	22	5	6		4	(38) 658
10歳	(1) 1	(9) 15	(5) 5	(1) 0	(10) 11			611	29	5	10	1	1	(26) 689
9歳	0	(13) 2	(4) 2		(7) 13			625	22	1	6	1	1	(24) 673
8歳	0	(9) 0			(6) 9			686	20	5	10	3		(15) 733
7歳	(0) 1	(7) 1	(1) 0		(7) 4			708	20	5	8	5		(15) 752
6歳		5			(1) 5			689	20	3	9	1		(1) 732
5歳	2	1						799	19	3	15	6	1	846
4歳					1			950	34	3	12	9		1009
3歳								966	24	2	18	17		1027
2歳								1158	32	10	11	32	1	1244
1歳								920	24	6	15	21	3	989
0歳								168	6		2	4	1	181
合計	(58) 31	(125) 69	(57) 28	(8) 0	(169) 174	(3) 0	(5) 0	10101	315	76	150	100	14	(425) 11058

1．本表は、「戦闘参加者申立書」の申請が「保留」と判定された（「戦闘参加」と認定されなかった）件数の表であり、各欄の下方に書かれている数字がこれをさしている。また同申請が「該当予定」と判定された（「戦闘参加」と認定された）件数は、各欄の上方に括弧内に書かれている数字である。
2．本表は「戦闘参加者申立書」の受付総件数 48,509 件中 14 歳未満の者について、調査分類したものである。

出典　援護課『一九六〇年　戦斗参加者に関する書類』（沖縄県公文書館）

の⑧「壕の提供」である。そのことを端的に示すのは、一九六〇（昭和三五）年四月一二日に未帰還調査部が作製の「満一四歳未満戦闘参加、保留（該当予定）者一覧表」である。この表は、一九六〇年四月時点で厚生省当局によって戦闘参加者とは認められなかった者の表である。それによると戦闘参加者申請総数四万八五〇九件中、一四歳未満児の認定「保留」数は一万一〇五八件を数え、「該当予定」数はわずかに四二五件にとどまっている。未帰還調査部の考えによると、一四歳未満児の総件数一万一四八三件のうち約八八％、一万一〇一件を占める「壕提供」の戦闘参加者認定はことごとく「保留」の判断であり、第二位の二七％、三一五名の「自決」は全件「保留」である。なおこの「自決」では、六歳以下の「自決」者も一五九名を数えるという異常な状態であり、「自決」の名の下での殺害を思わせる。「保護者と運命を共にした者」も一〇〇名を数えるが、「保留」者に含まれる。逆に戦闘参加の「該当予定」者を見ると、表の左半分の「弾薬運搬」から「伝令」に至る現地軍部隊の協力をした一部の者のみ認められており、括弧内の数字でそれは示される[38]。

同年八月一〇日付の沖縄の「特別援護係」文書によっても、「戦斗参加者」申請で「保留になっているものはいわゆる『壕提供』に該当するものであり、これらの者は著しく高令《ママ》の者及び幼児等であるため『戦斗参加者』と認めることに相当の疑義がある」のであり、そもそも「『壕の提供』をもって戦斗参加とみなしうるか」疑問があるというのである[39]。ここには当初考えられていた「戦斗参加」の概念から、乖離《かいり》が生じていることへの疑念がある。とはいえ「壕の提供」は、軍の命令に従った結果である。そして「自決」と「保護者と運命を共にした者」も、基本的には民間人も捕虜となることを禁止した軍の政策の結果である。つまりここには軍の命令にも不適切な命令があり、それに従った民間人死没者を公務死と認めるか否かという問題が提起されているといえよう。

この点に関連して石原昌家は注（35）論文の中で、「戦斗参加者概況表」の中で「とくに③、⑤、⑥、⑧、⑮が、沖縄戦の真実を捏造《ねつぞう》するために使用されている項目である。それらは、いずれも住民は軍の命令・強制などによって動員されたにもかかわらず、それを軍の要請・指示を受けるや『積極的戦闘協力』者として軍事行動での『戦闘参加者』になったと、捏造していくのである」と断罪している。確かにこのうち③「弾薬、食糧、患者等の輸送」、⑤「炊事、救護等雑役」などが、その事実がなかったにもかかわらずあったかのように、時には厚生省の指導に基づいて、「中立書」の「捏造」に利用された場合はあったと思う。(40)しかし⑥「食糧供出」、⑧「壕の提供」、⑮「集団自決」の項目によって、特に「壕の提供」と「集団自決」によって「軍事行動での『戦闘参加者』」になったとは、一九六〇年四月時点での特別未帰還部では認めていなかった。また石原が指摘した上記の③、⑤、⑥、⑧、⑮の項目はいずれも「琉球政府調整」にかかる項目であり、それぞれの内容説明である「概況」では、現地軍部隊の側には沖縄住民の生命と財産を守ろうとする意思がなく、沖縄住民が軍によって一方的に利用されて多大な犠牲を強いられたのかが詳述されている。「中立書」の論理と「概況表」の説明にはずれがあり、そこには戦闘参加の意味の変質があるのである。

琉球政府行政主席大田政作《おおたせいさく》の渡邊良夫《わたなべよしお》厚生大臣宛の文書（一九六〇年六月）は、対馬丸《つしままる》の疎開学童・付き添い婦女などの「戦斗協力者」認定を求めるとともに、沖縄戦での「年令十四才未満の若年者と七十五才以上の高齢者」の認定が「保留」とされている点を批判して、県民犠牲者全員の「戦斗協力者」認定を求めるものであった。そこでは「米軍上陸以来八十余日に亘《わた》る両軍入り乱れての死斗が続けられ、住民も、その渦中にまきこまれざるを得なかった」と述べ、住民は諸種の面で「軍に協力」するのみならず、「自己の待避中の安全な壕（自然壕）を軍の要請に応えてこれを提供し、自からを犠牲に又は玉砕まぎわに軍の強要命令によって集団自決している者もある」ことを指摘している。日本軍による「壕の提供」「集団自決」を含む各種の死の強要が、沖縄住民に対して行なわれたことを強調し、「国家補償に基づくこの援護法によって援護すべき」であると主張しているのである(41)。

ともあれ沖縄戦での「戦斗参加者」の認定をめぐっては、琉球政府の存在が、「戦斗参加者概況表」の策定でも一四歳未満者の認定問題でも、戦争に巻き込まれた住民の実情と利害を代弁し、軍中心主義の認定と異なる方向性を打ち出すのに大きな役割を演ずることとなったと思われる。

なお19「漁労勤務」だけは、「戦斗参加者」の中で特殊な項目である。これは、軍の食糧供給のため漁業組合を通じて軍に雇われて給与を受け取り、出漁したところ敵の攻撃を受けて死没した者をさし、他の「戦斗参加者」の項目が沖縄戦の「戦地」で「戦時」の死没者であるのに対し、「漁労勤務」要員はその地域的・時間的縛りを免れている。実際にこの「戦斗参加者概況表」の説明でも、「漁労勤務」要員に関しては一九四四年の一〇・一〇空襲での機銃掃射による死没者や、一九四五年三月二三日の第二回空襲による死没者をさし(42)、どちらも沖縄戦の「戦時」には該当していない。静岡県の焼津《やいづ》の漁民などにも該当者がおり、軍との特別の関係で、空襲被災者の一部が準軍属認定を受けた例といえよう。

沖縄の「戦斗参加者」認定の拡大

沖縄の「戦斗参加者」認定に関しては、遺族等援護法による請求が七年間の請求期限が切れて公式には終了した一九五九（昭和三四）年五月以降、「保留」扱いされた高齢者と一四歳未満児の認定問題が課題として浮上してくる。そこで考えられているのは「戦斗参加者」の認定を、おもに年齢によって区切る案であった。すなわち一九六〇年八月には、これまで「保留」とされていた学齢以上の七歳～一三歳までの者四六三四名、および七五歳以上の者五四九名とその他戦後の戦病死、戦地指定前の死没者など九四六名、合計六一二九名を遺族等援護法の準軍属である「戦斗参加者」として認定する。逆に学齢以前の〇歳～六歳の幼児六一九四名と対馬丸遭難学童七六四名の、合計六九五八名には見舞金を支給するという案が出現する。[43]「保留」扱いされていた者の約半数を「戦斗参加者」と認め、残りの約半数を見舞金支給にとどめるという案である。年齢による区分で決着したとはいえ、学齢以上では「壕提供」「自決」などが「戦斗参加」の名目として認められたことになる。ちなみに学齢以上の玉砕一般国民を軍属とする案は、もともと一九四四年九月の四次官「申合《もうしあわせ》」に見られたものであった。ただしこの一九六〇年八月の区分案は後に修正されたようであり、六五歳以上の高齢者と〇歳～六歳の幼児が見舞金の対象とされたようである。[44]

この一人当たり二万円の見舞金の支給は「今回限りの援護措置」であり、沖縄戦の「戦斗に関連して死歿した者の遺族」と「疎開船対馬丸に乗船していて死歿した学童の遺族」に支給されるもので、当初「沖縄戦戦斗関連死没者見舞金」と呼ばれていた。その「請求書」の雛形を見る限り、すでに「申立書」が出されているためか、死没者の死亡年月日、死亡場所を記す欄はあるが、改めて死没の原因や軍命令との関係は記入する欄がない[45]。この「戦斗関連死没者」の名称はやがて「戦斗協力死没者」（戦協と略称される）に変更されるが、支給対象遺族は遺族等援護法の弔慰金の請求者に限る旨が明記されただけで、その主旨と請求書の雛形は変わらない[46]。

ただし沖縄の住民の中には、弔慰金の時効から三年を過ぎても「戦斗参加者申立書」を提出する動きが折々見られた[47]。特に浦添《うらそえ》村では、すでに時効から三年半以上経過している一九六二年末に「遺族が多数村役所を訪れ、過去における『戦斗参加申立書』受付の際、村役所吏員は援護法に基づき学令以下及び高年令又は戦斗参加内容等を理由に受理を拒んだ事実を申し述べ、今回『戦斗参加申立書』を提出するので本土政府への進達方を強く要望したため」、村当局では請求の「時効」を理由に「拒否」はしがたく、「未提出者名簿（三八六名）」をとりあえず受理するという事件が起きる。結局この件は那覇日本政府南方連絡事務所の担当官からの懇望に応じて、厚生省援護局では「見舞金処理の期限が切迫している」状況下で、その処理を急ぐ形で「特別の配慮により受理」している[48]。同様の事例は他村にも少数あり、一九六三年二月時点で浦添村を含み全部で三九九件を受理しているが、「六才未満《ママ》児」で「見舞金該当」は一二二件、「六才以上《ママ》」は二七三件となっている[49]。

この結果、沖縄での旧陸軍関係死亡者の遺族等援護法の裁定状況は、一九六三年八月現在で軍人三万四六五名、軍属五五四四名、準軍属四万九名で、民間人の準軍属が最も多くなっている。ただし裁定者のうち、準軍属では、遺族給与金の受給者が約一四％の五六九五名となぜか少なくなっているが、弔慰金受給者は三万九二九七名と九八％に達し、靖国神社にも合祀された。[50] しかし「戦斗参加中立書」の未提出問題はその後にも問題化し、一九六四年一一月には各市町村窓口が把握している七百余件の未提出者の名簿が作られ、それは厚生省の「格別の御高配で認めていただいた」形となった。こうした「時効」後の提出を認めているのには、手続き的な事情もあったが、厚生省が折から「祖国復帰運動」の最中だった沖縄に、「軍民一体」の「殉国」の犠牲者を見いだしていたこともあったと推測される。ところがさらに琉球政府援護課が、各市町村の三役・自治会などにも働きかけて未申立者の把握に努めた結果、一九六六年八月には新たに七八二件の未申立者がいることが判明している。[51]

なお対馬丸遭難学童の遺族会はこれだけでは納得しなかった。政府決定の強制疎開であることを理由としたが、それとともに沖縄戦で死没した七歳以上の学童は、遺族等援護法の「戦斗参加者」として準軍属認定を受けたのに、同じ年代の沖縄県学童でありながらその処遇に差があったからである。[52] ただし靖国神社への合祀に関しては、対馬丸遭難学童は同じ年代の準軍属の死没学童に遅れて、一九六五年一二月に翌年の合祀が決定している。[53] これは国からの見舞金の支給で、公務死に準ずる合祀資格の認定を与えた先例となったようである。厚生省と靖国神社では一九六七年六月、対馬丸の付添教職員死没者と、沖縄戦協といわれる〇歳～六歳の幼児と六五歳以上の高齢者の死没者（これを厚生省・靖国神社では、「消極的戦闘協力者」と区分している）を、やはり見舞金を支給された長崎医科大生原爆犠牲者学徒・教職員などとともに、合祀することを決めている[54]。

それでも対馬丸の遺族会の運動は続き、一九七七（昭和五二）年になって対馬丸遭難学童と同一生計の父母・祖父母で六〇歳以上の者が、遺族等援護法の準軍属の遺族が受ける年金である遺族給与金の、半額に当たる年額三六万円の特別支出金を受けることが決定する[55]。また六歳以下の戦没児についても一九七九年から遺族等援護法適用の運動が生じ、ついに一九八一年一〇月から六歳以下児も「戦斗参加者」として認定することが決定する。「戦斗参加者」の本来の意味と大きく違う適用であり、後に沖縄からの移民の多かったサイパン、テニヤン等の〇歳児の在留一般邦人戦没者にも適用される[56]。しかし他の地域の戦災被害国民に、適用されることはなかった。沖縄は国内唯一の住民を巻き込んだ長期の地上戦の地であり、戦後長く本土から分断され、復帰後も米軍基地が集中していることもあって、負担の集中した特別の場所であった。ともあれここでの公務死裁定は、当初考えられていた軍中心主義の認定基準が半ば破綻するなかで、特例としてその適用の拡大が行なわれてきたのであった。靖国神社への合祀者の範囲も、それに従って拡大する。

しかし沖縄では、一九九五（平成七）年にはその遺族の合意が得られる限りは、沖縄戦での死者を国籍を問わずに刻銘した県立平和の礎が建設され、「平和」をシンボルとする国民国家を越えた独自の慰霊施設となっている。このことが靖国神社とは異なる慰霊を可能にしているのである。

おわりに

第二次世界大戦後の戦没者の合祀基準をめぐる状況は、戦前期のそれと大きく異なっている。敗戦が近づくにつれて戦地・非戦地の区別も曖昧となり、補給の途絶えた前線の一部では軍隊秩序の崩壊が見られるなかで、戦没者の死没のあり方にもこれまでにない事情のものが出現した。しかもその個人の死亡記録や軍歴のデータには、敗戦時に焼却されたり紛失したものも多かった。

靖国神社への合祀資格は、戦後は公務死であることを基礎資格とするようになったといわれる。しかし多様な幅のある死没の状況と資料不足のなかでは、何を公務死とするかについては、単に従来の合祀基準に当てはめれば正解が出るようなものではなかった。戦後という時代には遺族等援護法と改正恩給法の成立とその連年の改正によって、公務傷病死の範囲の拡張が行なわれているが、そこにはこれまでにない死没の状況を考慮に入れて、従来の公務死を考え直す契機がはらまれていた。

ただしこれらの改正は、他方では戦争犠牲者のうち旧軍人軍属遺族を中心に考えて、その経済的援護を目的に実現したものでもあった。その点で靖国神社への合祀資格は、経済的補償要求の副産物として拡大したことになる。これでは合祀資格の正統性と権威が保たれないと思ってか、厚生省の担当者や靖国神社側は新例を開くような合祀に慎重であり、戦時下に制定された「合祀資格審査内規」の基準を維持して、新たな合祀には保留の判断を繰り返す。

だがその種の抵抗も一九五〇年代末〜六〇年代にかけて次第に困難になり、厚生省と靖国神社は新たな公務死裁定を得た者の合祀を少しずつ認めることになる。さらに国から見舞金を支給された戦争被害者も、遺族からの要請を受けて合祀するようになっていく。これは基本的には、戦争に関わる国からの金銭的給付と靖国神社への合祀資格を、一致させるものであった。

ただこうした軍人恩給などの拡大は、十分な国民的合意に基づいておらず、戦後の国民の中での戦争犠牲者観の変化に対応したものではなかった。またその補償は、自らの意志によらないで日本国籍を失った旧植民地人の軍人軍属を補償の対象から除外していた。一九五〇年代末には、朝鮮人・台湾人の元軍人軍属の戦没者の合祀が行なわれたが、旧植民地人の戦没者の一部は靖国神社に合祀だけされて、その遺族が日本からの補償を長い期間受けられない状態だった。

とはいえこの公務死の拡張には、別の側面もあった。遺族等援護法はもともとは戦争全体の評価を棚上げしつつ、過去の国家を現在の国家と連続するものとして位置づけ、過去の国家の命令を正当な公務としてその損害補償を認めたものであった。その限りで遺族等援護法や改正恩給法は、明らかに過去の戦争と軍隊の肯定に傾斜していた。だがその点では、時代の変化のなかで対立する考え方の補償が認められる場合が出てくる。例えば敗戦前後に多く見られる日本の軍刑法による刑死者・獄死者についても、戦後の大赦令に反していることを理由に一九七〇〜七一年の遺族等援護法の改正で公務死裁定が行なわれるようになる。ここでは過去の国家の命令を誤りと認め、その補償がなされているのである。こうした状況に対し、「大東亜戦争」を正しい戦争と考える靖国神社では、一九七二年に今や公務死者となった旧日本軍の軍法会議の刑死者・獄死者の合祀を拒否することを決めるのであった。

アジア太平洋戦争の特徴の一つは、その末期に民間人の戦没者の激増という事態が生まれた点にある。これに対して遺族等援護法では、民間人の一部に準軍属という新しい身分を付与したことから、民間人の戦争被害への補償問題は新規の立法によらず、まず遺族等援護法上のこの準軍属の資格や認定範囲の拡張問題として争われた。沖縄の「戦斗参加者」の認定では、事実上日本軍の被害者である死没者の遺族も補償を受けた。ただしそれには民間人の一部の集団を抜き出して、個人補償を行なうという問題も含まれていた。

日本人の戦争観が緩やかに変化するなかで、靖国神社が戦前回帰して「大東亜戦争」肯定の立場に立ったことは、戦争否定の立場に立つ遺族がその合祀を「慰霊」とも「栄誉」とも受け止められない事態を生むこととなった。戦没者の追悼のあり方を考えるにあたって、過去の戦争を肯定するか否定するかの違いは決定的であった。また国際化のなかで日本軍による他民族の大きな被害の実態も伝わるようになり、戦争犠牲者とは誰か、その死の意味は何かの問題も複雑となってくる。

現在の靖国神社の戦没者の合祀基準は、基本的には過去の戦争の肯定に立脚しその戦闘員の死者を中心的祭神とするものである。しかしその祭神の中には、沖縄の「戦斗参加者」の一部のように日本の過去の戦争の誤りと、日本の軍隊による被害を認めたものが含まれている。その意味で靖国神社への戦没者の合祀の実態は、必ずしも首尾一貫した論理によるものとはなっていない。それは靖国神社というものが、単なる宗教施設としての「慰霊」の地ではなく、諸種の意味で政治的な場所であることの帰結であるといえよう。

注

プロローグ　戦没者と合祀基準

（1）秦郁彦『靖国神社の祭神たち』（新潮社、二〇一〇年）。

（2）明治期における戦没者の合祀基準の変遷をたどったものに、拙稿「靖国神社における戦没者の合祀基準の形成」（國學院大學研究開発推進センター編『招魂と慰霊の系譜』錦正社、二〇一三年）がある。本書はその記述の誤りも補正しつつ、第二次世界大戦後まで明らかにしようとしたものである。

I　近代日本における戦没者の合祀――明治初年からアジア太平洋戦争の終了まで

はじめに

（1）『靖国神社誌』（靖国神社、一九一一年。のち「近代神社行政史研究叢書」Ⅳとして、神社本庁教学研究所、二〇〇二年に再刊）九頁。

（2）前掲注（1）に同じ。

（3）春山明哲「靖国神社とはなにか―資料研究の視座からの序論」『レファレンス』二〇〇六年七月号。

（4）吉原康和『靖国神社と幕末維新の祭神たち』（吉川弘文館、二〇一四年）。

（5）「第二六五七号一〇・六・一九靖国神社合祀請願に関する件」海軍省公文備考類・公文備考昭和一〇年C儀制巻八（防衛省防衛研究所）JACAR（アジア歴史資料センター）Ref. C05034095800。

第1章　東京招魂社から靖国神社へ

1　戊辰戦争から台湾出兵へ

（1）前掲『靖国神社誌』二三頁。
（2）前掲『靖国神社誌』二三〜二九頁。
（3）佐久間律堂『戊辰白河口戦争記　全』第十九章「東西両軍の墓碑及び供養塔（一二）軍夫吉五郎の墓」、第二十章「戊辰戦争と地方民」（堀川古楓堂、一九四一年）。棚橋吉五郎の合祀は、『靖国神社忠魂史』第一巻（靖国神社社務所、一九三五年）三二七頁で確認できる。
（4）「靖国神社特別合祀者の件」陸軍省大日記・弐大日記・明治三一年乾「弐大日記四月」（防衛省防衛研究所）JACAR：C06082834400。
（5）前掲『戊辰白河口戦争記　全』第十九章（一一）「白河夏梨の墓碑」。誤殺された大竹繁三郎の合祀は、『靖国神社忠魂史』第一巻三二七頁で確認できる。
（6）前掲『靖国神社誌』一一頁。
（7）『靖国神社百年史　資料篇上』（靖国神社、一九八三年）一五九頁、「第三祭神（一）招魂祭・合祀祭」。
（8）前掲『靖国神社誌』一九〜三三頁、前掲『靖国神社百年史　資料篇上』一五九—一六〇頁、陸軍大臣官房・海軍大臣官房監修『靖国神社忠魂史』第一巻（靖国神社社務所・代表賀茂百樹、一九三五年）三七七頁、三八一頁。
（9）「佐賀之役陣歿者招魂社へ合祀」公文別録・陸軍省衆規渕鑑抜粋・明治元年〜明治八年・第二巻（国立公文書館）JACAR：A03023108700。
（10）「西郷中将ヨリ蕃地戦死ノ者招魂社合祀ノ儀来〇並同件陸海軍へ達」内閣・単行書・処蕃始末・乙亥一月之五・第九十七冊（国立公文書館）JACAR：A03030414500。
（11）「陸軍武官傷痍扶助及死亡之者祭粢並其家族扶助概則」陸軍省大日記・太政官・明治八年従一月至四月（防衛省

防衛研究所）JACAR：C07072958800、総理府恩給局編『恩給百年』（一九七五年）一九―二二頁。

(12)「台湾ノ役一時傭役者病没遺族扶助料内務省ニテ調査後チ祭粢料ノ名義ニ改ム附祭粢料下賜・其二六条」太上類典・雑部（草稿）・明治七年～明治九年・第四巻・台湾部四（国立公文書館）JACAR：A01000085500。

(13)「同病没ノ者長崎梅ヶ崎ニテ招魂祭施行」太上類典・雑部（草稿）・明治七年～明治九年・第四巻・台湾部四（国立公文書館）JACAR：A01000086100。

(14)『官祭佐古梅ヶ崎招魂社官修佐古梅ヶ崎墳墓沿革概要　明治百年記念事業』「佐古招魂社」（社団法人日本郷友連盟長崎県郷友会、一九六八年）「祭祀者名簿」。なお「渡蕃職工夫卒病没人名表」によると「職工夫卒」の死者の総数は三五一名であり（「渡蕃職工夫卒病没人名表　自第一至第七」、単行書・処蕃書類蕃地事務局諸表類纂〈国立公文書館〉JACAR：A03031150100）、前出の「祭祀者名簿」に照らし合わせると、そのうち三一五名だけが梅ヶ崎墓所に埋葬されたことになる。

(15) 前掲『官祭佐古梅ヶ崎招魂社官修佐古梅ヶ崎墳墓沿革概要　明治百年記念事業』の「祭祀者名簿」の記述では、「夫卒」と「兵卒」は別の存在と思われる。「夫卒」のうち五二名は姓が記されず福松、丈吉などの名前のみ記載されていることからも、「兵卒」であったとは考えにくい。ちなみに「兵卒」は、全員姓名ともに記されている。

(16) 前掲注(12)中、長崎県からの鬼塚彌助らの「奉歎願候口上書」、高比良五市らの「奉歎願候口上書」など参照。なお梅ヶ崎招魂場に埋葬された遺体は、のちに西南戦争の官軍側の死者を埋葬した佐古の墓所に改葬されているが、改葬が粗末で梅ヶ崎墓所に残された遺骨が散乱するなど不手際があった。この問題では谷干城が時の長崎県令を糾弾し、一八八三（明治一六）年までに改めて改葬され、その霊は谷干城を祭主にした勅祭の招魂祭によって、新たに建設された佐古招魂社に合祀されている（「一四年　招魂社を墓碑に改正の義上請」海軍省公文備考類・明治一五年太政官命令簿（防衛省防衛研究所）JACAR：C11080710400、東京大学史料編纂所版『明治史要』東京大学出版会、一九六六年）。

（17）ただし墓碑銘の誤りが見つかったのは、その遺族が参詣に訪れた長崎県や肥前国の出身者の場合だけであった。「今村大主記外三名ヨリ長崎梅ヶ崎墓碑改鐫云々報告書本」内閣・単行書・処蕃書類追録三（国立公文書館）JACAR: A03030080600。

（18）「蕃地ニテ病歿ノ者大分県招魂場へ合祀」十二、太上類典・雑部（草稿）・明治七年～明治九年・第四巻・台湾部四（国立公文書館）本館2A－009－00・太00854100。

（19）「台湾ノ役鹿児島県下死傷ノ者へ扶助祭粢料給与方伺」公文録・明治九年・第百五巻・明治九年三月・内務省伺一（国立公文書館）JACAR: A01100148500。

（20）前掲注（12）の「奉歎願口上書」に掲載。

（21）前掲注（12）に同じ。

2 軍人恩給制度の整備と西南戦争

（1）その制定趣旨を記した、一八七五（明治七）年二月五日陸軍省伺に「孛佛（プロシアとフランス）ノ施法ヲ酌量シ」と書かれている（総理府恩給局編『恩給百年』一九七五年、一九頁）。

（2）「諸外国の恩給制度（1）」（『恩給』七二号、一九七三年五月）、森一人「ドイツの恩給制度について」（『恩給』二六五号、二〇〇六年二月）。なお全額国庫負担の恩給制度が適用される官吏と、社会保障制度である年金制度の対象となる職員、労働者の三種の身分区別は、ドイツでは第二次大戦後も維持されているようである（森一人前掲）。

（3）前掲『恩給百年』「資料編」六～一八頁。

（4）「5よりコレラ病に罹り死歿する者扶助料の義伺」陸軍省大日記・明治十年・「大日記　省内各局参謀近衛病院教師軍馬局十一月水　陸軍省第一局」（防衛省防衛研究所）JACAR: C04027318900。

（5）「西南ノ役戦死或ハ病死セシ軍人軍属ノ遺族へ弔慰金下賜」単行書・決裁録・諸庁二（国立公文書館）明治一四

年、JACAR：A04017252800。
（6）西岡香織「明治初期の陸軍後方―会計部、軍夫、輜重輸卒に関する一考察」（『軍事史学』二八巻三号、一九九三年）。
（7）「熊本県より死亡軍夫吊祭料の件」参謀本部大日記・明治一三年「大日記　来　旧軍団事務所」JACAR：C07080373000。
（8）「6月20日　林軍務局長　西南役従軍将校以下処分方非戦死者の招魂社合祀の件決定の回報依頼」陸軍省大日記・各省雑・明治一一年五月六日諸省五（防衛省防衛研究所）JACAR：C09120466400。
（9）「往入二一六四　西南賊徒征討中戦病死者招魂社へ合祭等の件東海鎮守府伺」海軍省公文備考類・公文類纂・明治一一年　後編　巻四　本文公文　礼典類三止（防衛庁防衛研究所）JACAR：C09112955300。
（10）「陸軍々人軍属死亡之者招魂社へ合祀之儀に付伺及び別紙」陸軍省大日記・陸軍省雑・明治一一年　本省文移（防衛省防衛研究所）JACAR：C10072213800。
（11）「故警部補多門信治外六名西南ノ役負傷ノタメ病死ニ対シ靖国神社へ合祀ノ件」公文録・明治十二年：第六十一巻・明治十二年六月・内務省一（国立公文書館）本館 2A－010－00：公 02483100。
（12）前掲『官祭佐古梅ヶ崎招魂社官修佐古梅ヶ崎墳墓沿革概要　明治百年記念事業』。西南戦争時の軍夫の合祀はほとんどが戦傷死者などで、病死者では警視局雇職工一名、火夫一名の合祀が見られるだけである。
（13）今井昭彦『近代日本と戦死者祭祀』（東洋書林、二〇〇五年）二一〇―二一一頁。
（14）前掲『靖国神社誌』三三頁、同一八二―一八三頁「管轄廳」、前掲『靖国神社百年史　資料篇上』一六五―一六七頁。
（15）前掲注（11）に同じ。
（16）麴町区役所『任免通知並東京府通達』（東京都公文書館）614－C9－07。

（17）前掲『靖国神社誌』二九—三三頁。

（18）「故広戸一等巡査外五名靖国神社へ合祀」公文別録・朝鮮事変始末・明治十五年・第五巻・明治十五年（国立公文書館）JACAR：A03023647000。

（19）「同国ニ於テ戦死ノ私費語学生近藤道堅外一名靖国神社へ合祀ヲ請フ件」公文録・明治十五年・第十九巻・明治十五年十月～十二月・外務省（国立公文書館）JACAR：A01100224000。

（20）「太政官より朝鮮国に於て戦死者合祀に付照会」陸軍省大日記・太政官・明治一五年従七月至一二月「太政官」（防衛省防衛研究所）JACAR：C07073045000。

（21）「朝鮮国ニ於テ戦死セシ語学生靖国神社へ合祀ヲ許サス」公文別録・朝鮮事変始末・明治十五年・第五巻（国立公文書館）JACAR：A03023647100。

（22）「陸軍省稟告故磯林歩兵大尉外五名靖国神社へ合祀ノ件」公文別録・朝鮮事変始末・明治十七年・第二巻（国立公文書館）JACAR：A03023658800。なおこの文書の末尾には、「参照」として「十五年十月陸軍省上申」と題する書類（その原本は別の簿冊にあるという）が添付されていて、二年前の壬午軍乱の時に「語学生徒」二名を含む者が、陸軍省の上申に基づいて合祀決定をされたように書かれている。しかしもし注（19）～（21）の文書が正しいならこの書類の記載とは矛盾し、この「参照」書類の存在には疑問がある。

（23）「朝鮮国政府ヨリ体恤金収入并金員分配方ノ件・二条」公文別録・外務省・明治十五年～明治十八年・第二巻（国立公文書館）JACAR：A03023613400。

第2章　日清戦争から日露戦後へ

1　日清戦争と特別合祀の開始

（1）前掲『靖国神社誌』九八頁。

（2）中塚明「日清戦争」（『第二次伊藤博文内閣』『歴代首相・内閣事典』吉川弘文館、二〇〇九年）。
（3）前掲『恩給百年』「資料編」四二～五二頁。
（4）なお日露戦争の遺族の状況を扱った研究に、池山弘「愛知県に於ける日露戦争の戦病死者遺族及び従軍者の生活状況」（『四日市大学論集』第一四巻第二号、二〇〇二年）がある。この論文は日露戦後のことを叙述しているが、階級別に支給される金額は日清戦後と同額であり、尉官以上の遺族の時にはじめて余裕ある生活が可能であったことが指摘されている。
（5）前掲『恩給百年』第一五章「恩給行政の沿革」。実際に遺族の公務扶助料請求が、陸軍の公務死証明があるにもかかわらず、認められない場合もあった。
（6）「御署名原本・明治二十七年・勅令第百六十四号」御署名原本・明治二十七年・勅令第百六十四号（国立公文書館）JACAR：A03020185400。
（7）「明治二十七、八年ノ戦役ニ従事シ公務ノ為メ死歿シ又ハ傷痍ヲ受ケ疾病ニ罹リタル者ニ特別賜金取扱ノ方法ヲ定ム」公文類纂・第十九編・明治二十八年・第二十九巻（国立公文書館）JACAR：A01200842200、「戦死者等ノ遺族及負傷者ニ対スル特別賜金支給ノ方法ヲ定ム」、公文類纂・第十九編・明治二十八年・第二十九巻（国立公文書館）JACAR：A01200842500。
（8）「人事局　清国事件に関する特別賜金の件」陸軍省大日記・清国事件・清国事件書類編冊明治三三年九月臨清（防衛庁防衛研究所）JACAR：C08010111600中の「清国事変ニ関スル特別賜金ト廿七八年役特別賜金ノ対照表」。
（9）「御署名原本・明治二八年・勅令第百十五号・戦役、事変ニ際シ功労アル者一時金賜与ノ件」（国立公文書館）JACAR：A03020206400、「御署名原本・明治二八年・勅令第百三十七号・明治二十七、八年戦役ニ関シ賜フ所ノ一時賜金軍事公債証書ヲ以テ公布ノ件」（国立公文書館）JACAR：A03020208600。
（10）「重複賜金年賦返納の件」陸軍省大日記・肆大日記・明治三五年肆大日記一月（防衛省防衛研究所）

JACAR：C07071779700。

（11）「明治二七年戦役間死亡者遺族へ一時賜金ノ件」陸軍省大日記・壱大日記・明治二九年「壱大日記編冊補遺壱」（防衛省防衛研究所）JACAR：C03031043700中の「軍人軍属従軍病死者遺族扶助料及ヒ一時賜金ニ関スル請願」（請願人吉田扶、明治二九年一月一六日）、「意見書　軍人軍属従軍病死者遺族扶助料及ヒ一時賜金ニ関スル件」（貴族院議長侯爵蜂須賀茂韶、明治二九年二月四日）。

（12）「特別賜金給与方に関する件」陸軍省大日記・壱大日記・明治三〇年七月「壱大日記」（防衛省防衛研究所）JACAR：C04013420700。

（13）「従軍病死者遺族扶助料並一時賜金の件（2）」海軍省公文備考類・⑪戦役等・日清戦書・明治二七・八年　戦時書類　巻二　明治二九年（防衛省防衛研究所）JACAR：C08040758300中の「請議按」「省令第　号」。

（14）前掲注（8）「人事局　清国事件に関する特別賜金の件」中の「清国事変ニ関スル特別賜金ト廿七八年役特別賜金ノ対照表」。

（15）前掲注（13）「従軍病死者遺族扶助料並一時賜金の件（2）」。

（16）「靖国神社へ特別合祀の件」陸軍省大日記・弐大日記・明治三〇年乾「弐大日記七月」（防衛省防衛研究所）JACAR・C06082605600。

（17）「靖国神社特別合祀者の件」陸軍省大日記・弐大日記・明治三一年乾「弐大日記一一月」（防衛省防衛研究所）JACAR：C06082834400。

（18）「乙号　靖国神社へ特別合祀スヘキ死者ノ種類」「戦死者合祀の件（1）」（防衛省防衛研究所）陸軍省大日記・弐大日記・明治三一年乾「弐大日記四月」（防衛省防衛研究所）JACAR：C06082834400。「愛憐病」が「梅毒」とその関係の病気であることは、中野銀郎『和漢洋病名対照解説全書』（東方文化会出版、一九三九年）一二四頁参照。

（19）『靖国神社百年史　資料篇下』（靖国神社、一九八四年）「第一五　靖国神社の維持管理」「（一）陸軍省と靖国神社」。
(20)「乙号決議第一号」「特別合祀資格調査方針」、前掲「靖国神社特別合祀者の件」JACAR：C06082834400。
(21) 前掲「靖国神社特別合祀者の件」JACAR：C06082834400。非「戦地」での死没軍人の事例は、「丙号決議第二号」の一二、一四。なお一四の問い合わせには、但し書きがついており、そこでは「従軍の目的を以て衛戍地出発後、待命間に係る者と区別すべきや」との問いが付されていた。つまりこれは特別合祀の対象者を、出征途上の部隊の死者のみに限定すべきかどうかという問い合わせである。しかしこの問い合わせに対しても、特別合祀者調査委員会では「但書、区別を要せず」と回答し、出征途上の部隊に属さなくとも構わないとの見解を示しており、特別合祀の対象者は広く取られていたことがわかる。
(22)「戦時」ではあっても「内地」の「営内」での軍人の「職務関連傷病」死に、恩給の公務扶助料の六割が出されるようになったのは、一九五六年の特例扶助料からであり、これには長い恩給法の原則を枉《ま》げるものだとの批判があった（拙稿「一九五〇年代の軍人恩給問題（二・完）」『立命館法学』三四一号、二〇一二年六月）。
(23) 前掲「丙号決議第二号」の九、JACAR：C06082834400。
(24) 前掲「丙号決議第二号」の四、五、六、八、一七、一八、JACAR：C06082834400。
(25) 大江志乃夫『靖国神社』（岩波書店、一九八四年）一二七頁。
(26)「御署名原本・明治二十八年・勅令第百四十三号・明治二十七、八年従軍記章条例」（国立公文書館）JACAR：A03020209200。
(27) 靖国神社特別合祀委員会では、祀発第一号で「台湾総督府民政部ノ文官雇員等ニシテ戦役中死亡シ合祀セラルヘキ相当ノ死因ヲ有スル者」が、従軍記章を受ける資格のある否かを陸軍省副官宛に問い合わせている。民政部の雇という点が疑問の根拠だったのだろうが、合祀可との回答を得ている（「軍属に非ざる者合祀の件」陸軍省大日記・弐大日記・明治三一年乾「弐大日記八月」〈防衛省防衛研究所〉JACAR：C06082889700）。

(28)「第二師団監督部より傭役馬丁給料の件」明治二七年七月「完二七 八年戦役日記」(防衛省防衛研究所)JACAR: C06021866100、「近衛師団より各補充隊及諸縦列附特務曹長大被服並従僕馬丁へ法被股引新調補給の件」明治二八年一月「二七 八年戦役日記甲」(防衛省防衛研究所)JACAR: C06021962300。
(29) 大谷正『兵士と軍夫の日清戦争』(有志舎、二〇〇六年)、原田敬一『日清・日露戦争』(岩波書店、二〇〇七年)。
(30)「明治二七、八年戦役における負傷死亡者の靖国合祀に関する通牒」陸軍省大日記・陸軍省雑・明治三一年軍務局諸達綴(防衛省防衛研究所)JACAR: C10062007500。
(31) 原田敬一『国民軍の神話』(吉川弘文館、二〇〇一年)一八八頁、表14。
(32) 前掲『靖国神社百年史　資料篇上』「第四祭神二」第二三回〜第二四回合祀、三一九頁。
(33)「明治三〇年二七・八年戦時書類巻二目録、特別賜金、一時賜金等諸行賞に関する件(4)」海軍省公文備考類・⑪戦役等・日清戦書(防衛省防衛研究所)JACAR: C08040768700。
(34) 前掲「丙号決議第二号」の二〇、JACAR: C06082833400。
(35)「靖国神社に合祀せらるべき者に関する件」陸軍省大日記・明治三一年乾「弐大日記八月」(防衛省防衛研究所)JACAR: C06082889100。しかしこれは文書の宛先の書かれていない、走り書きのメモのような体裁の文書であり、正式の決定ではないのかもしれない。
(36)「御署名原本・明治三十三年・勅令第百九三号・陸軍省官制改正」(国立公文書館)JACAR: A03020460500、「御署名原本・明治三十六年・勅令第七五号・陸軍省官制改正」(国立公文書館)JACAR: A03020562800、「御署名原本・明治三十六年・勅令第二二二号・陸軍省官制改正」(国立公文書館)JACAR: A03020577500。
(37)「靖国神社合祀者の件」陸軍省大日記・弐大日記・明治三五年坤「弐大日記三月」(防衛省防衛研究所)JACAR: C06083672400。

2 義和団出兵と日露戦争

（1） 前掲「人事局 清国事件に関する特別賜金の件」JACAR：C08010111600中の「請議案」。
（2） 前掲「人事局 清国事件に関する特別賜金の件」中の「清国事変ニ関スル特別賜金ト廿七八年役特別賜金ノ対照表」。
（3） 「戦死者に準ずる靖国特別合祀該当者の取調送付に関する移牒」陸軍省大日記・参謀本部雑（秘）・明治三四年特号書類第二号三冊の内二（防衛省防衛研究所）JACAR：C09122756200。
（4） 前掲注（3）に同じ。
（5） 「次長より総務長官へ清国事件関連特別合祀者人名等送付通知」陸軍省大日記・参謀本部雑（秘）・明治三四年特号書類 第二号 三冊の内二（防衛省防衛研究所）JACAR：C09122755500。
（6） 前掲『靖国神社忠魂史』第一巻一一三一頁。
（7） 「靖国神社臨時大祭施行一件付殉難者合祀（4）」海軍省公文備考類・⑩公文備考等・明治三四年 公文備考 儀制巻二（防衛省防衛研究所）JACAR：C06091302300。
（8） 「園部陸軍省庶務課長から斉藤海軍省副官宛書簡」「儀制（1）」海軍省公文備考類・⑩公文備考等・公文書類拾遺・明治三四年（防衛省防衛研究所）JACAR：C11080087000。
（9） 「歩兵第五連隊雪中行軍遭難者合祀の件」陸軍省大日記・陸軍省雑文書・雪中行軍・明治三五年（防衛省防衛研究所）JACAR：C10050135700。この件については、秦郁彦前掲書六〇―六三頁でも取り上げられているが、やや理解が異なる点がある。
（10） 「歩兵第五連隊雪中行軍遭難に関する取調委員復命書及進達」中の「第五連隊事件ノ閣議」および「歩兵第五連隊凍死者ト三十三年清国事件戦死者給与金額比較表」陸軍省大日記・陸軍省雑文書・雪中行軍・明治三五年（防衛

省防衛研究所）JACAR: C10050136700。

（11）前掲注（9）「歩兵第五連隊雪中行軍遭難者合祀の件」中の「歩兵第五連隊雪中行軍遭難者ヲ靖国神社ニ合祀ノ為メ遭難委員長ヨリ閣議提出案ニ対スル意見」。

（12）「戦役の遺族に特別賜金賜與の内牒の件」陸軍省大日記・参謀本部大日記・明治三七年自二月至八月　参謀本部大日記一臨号（防衛省防衛研究所）JACAR: C07082294300。

（13）前掲『恩給百年』八五―八六頁。

（14）「三九．八．二〇発寺内陸相靖国神社合祀の該当者調査に関する件（2）」陸軍省大日記・日露戦役・「死亡遺留品等に関する書類綴　明治三七年より明治四〇年まで　陸軍省副官部　大本営及大本営直属中隊分」（防衛省防衛研究所）JACAR: C06040848500。

（15）「送乙第二五八一号官房　靖国神社合祀未済者取調方の件」陸軍省大日記・陸軍省達書・明治四〇年書達通牒（防衛省防衛研究所）JACAR: C09050211900。

（16）「臨時測図部員中特別合祀の件」明治四一年坤「弐大日記五月」（防衛省防衛研究所）JACAR: C06084627100。

（17）前掲『靖国神社忠魂史』第四巻（靖国神社社務所、一九三五年）八七一頁、八九一頁、七八六―七八七頁、前掲「臨時測図部員中特別合祀の件」。

（18）「軍夫募集に関する府県知事への通牒の件」明治三七年「陸満密大日記　明治三七年二月」（防衛省防衛研究所）JACAR: C03020057000、「軍役夫募集に付き身元証明方の件」明治三七年「陸満密大日記　明治三七年二月」（防衛省防衛研究所）JACAR: C03020041400。

（19）「軍役夫用被服送付の件」明治三七年「満大日記一〇月　自一六日　至三一日」（防衛省防衛研究所）JACAR: C03027712500。

（20）病没軍役夫山口与三吉の合祀上申書類は、前掲注（14）「三九．八．二〇発寺内陸相靖国神社合祀の該当者調査

に関する件（2）」。「補輜輸　山口与三吉」の合祀は『靖国神社忠魂史』第四巻七八七頁。また補助輜重輸卒は、大江志乃夫『日露戦争の軍事史的研究』（岩波書店、一九七六年）によれば、第二補充兵の出身であり、もともと体力のない未教育の者で多くの犠牲を出したとされている。

（21）国立国会図書館調査立法考査局『靖国神社問題資料集』（国立国会図書館、一九七六年）三頁、前掲「臨時測図部員中特別合祀の件」。

（22）「靖国神社合祀資格の件」明治四一年「肆大日記　九月」（防衛省防衛研究所）JACAR: C07072461200。

（23）「三九．八．二〇発寺内陸相靖国神社合祀の該当者調査に関する件（1）」陸軍省大日記・日露戦役・「死亡遺留品等に関する書類綴　明治三七年より明治四〇年まで　陸軍省副官部　大本営及大本営直属中隊分」（防衛省防衛研究所）JACAR: C06040848400。

（24）喜多義人「日露戦争の捕虜問題と国際法」（『軍事史学』一五八・一五九号、一九七二年四月）。

（25）大江志乃夫『日露戦争と日本陸軍』（立風書房、一九八七年）二五一頁、秦郁彦『決定版日本人捕虜（上）』（中央公論新社、二〇一四年）三三頁。

（26）吹浦忠正『捕虜たちの日露戦争』（日本放送出版協会、二〇〇五年）九八―一〇〇頁にメドヴェージ村の捕虜収容所での死没者の記述がある。なお吹浦前掲書で「西脇喜一郎」と書かれている者は、『靖国神社忠魂史』では「西脇喜市郎」と記され、「山田助次郎」は「山田助治郎」に、「中井伊之助」は「中井伊之介」になっているが、軍の階級も一致し、死没地が「露国メドウエード」となっているので、同一人であると判断した。なお秦郁彦によれば、ほかに旅順戦で捕虜となり「旅順ロシア海軍病院にて死去」した岩瀬正機関少監も合祀されているという（秦郁彦『靖国神社の祭神たち』六六頁）。

（27）前掲『恩給百年』「資料編」二五頁、四三―四四頁。

（28）内海愛子『日本軍の捕虜政策』（青木書店、二〇〇五年）八六―八七頁。

（29）前掲注（20）『日露戦争の軍事史的研究』三八二頁、前掲注（28）『日本軍の捕虜政策』八六―八七頁、前掲注（26）『捕虜たちの日露戦争』三四―三八頁には、捕虜となる選択を認める浮田一民と、否定する井上哲次郎らとのこの当時の論争が紹介されている。
（30）『歩兵教程』、一之瀬俊也編『近代日本軍隊教育・生活マニュアル資料集成　明治大正編』第三巻（柏書房、二〇〇九年）
（31）前掲注（26）『捕虜たちの日露戦争』。
（32）前掲『靖国神社誌』中の「合祀祭」九二―九三頁。
（33）「台湾において戦死せる警察官等合祀に関する件」陸軍省大日記・壱大日記・明治四三年四月（防衛省防衛研究所）JACAR：C04014621100。
（34）「戦没警察官吏合祀の件」海軍省公文備考類・明治四三年　公文備考　巻一二儀制九止（防衛省防衛研究所）JACAR：C06092306400。
（35）「靖国神社祭典及合祀の件（3）」海軍省公文備考類・明治四四年　公文備考　儀制五　巻九（防衛省防衛研究所）JACAR：C07090114500。
（36）「靖国神社祭典及合祀の件（2）」海軍省公文備考類・明治四四年　公文備考　儀制五　巻九（防衛省防衛研究所）JACAR：C07090114400。
（37）前掲『靖国神社百年史　資料篇上』「第三祭神一」中の「第三八回合祀」一九三頁。
（38）「満州及韓国に服務する軍人等一時賜金の件」陸満普大日記・明治四〇年「満大日記六月」（防衛省防衛研究所）JACAR：C03027559800。
（39）前掲『靖国神社百年史　資料篇上』「第三祭神一」中の「第三四回合祀」一八九頁。

第3章　第一次世界大戦から満洲事変へ

1　一九一〇年代から二〇年代

（1）吉野作造「神社崇拝の道徳的意義」（『中央公論』三五年一三号、一九二〇年一二月）。

（2）角張東順（月峰）「極東の迷信国」、同『飛禽の跡』（山形出版協会、一九二四年）二九〇―二九一頁。なお角張については、拙稿「異端の仏教者―角張東順（月峰）論（1）」（『立命館大学人文科学研究所紀要』七二号、二〇〇一年）。

（3）「特別賜金に関する件」中の「特別賜金賜与規則（大正三年十二月、内閣陸甲第二十七号指令）」陸軍省大日記・西受大日記・大正七年一一月（防衛省防衛研究所）JACAR：C07060600600。

（4）「大正四年一月二五日　特別賜金々額表」海軍省公文備録・大正三～四年　遣米枝隊関連書類　巻二（防衛省防衛研究所）JACAR：C11081113300。

（5）前掲注（3）「特別賜金に関する件」。

（6）「大正五年二月」海軍一般史料・〇法令・大正五年海軍公報（防衛省防衛研究所）JACAR：C12070248000。

（7）平間洋一『第一次世界大戦と日本海軍』（慶應義塾大学出版会、一九九八年）。

（8）「扶助料及特別賜金に関する件」中の「戦死者等靖国神社へ合祀ノ件達」陸軍省大日記・西受大日記・大正一〇年二月（防衛省防衛研究所）JACAR：C07061172400。

（9）「戦死者等靖国神社へ合祀の件達」陸軍省大日記・自大正一二年九月～至大正一三年一二月「陸普級第一部」（防衛省防衛研究所）JACAR：C02030584200、「戦死者等靖国神社合祀未済の者取調の件陸軍一般への通牒」陸軍省大日記・自大正一四年一月至昭和二年一二月「陸普級第一部」（防衛省防衛研究所）JACAR：C02030597900。

（10）「戦没者調査票」援護課『西南の役より昭和三年事変まで　靖国神社祭神名簿』（昭二〇―二〇八）、京都府立総合資料館。

（11）前掲『恩給百年』「資料編」九四頁、一一二―一一三頁。
（12）前掲『恩給百年』「資料編」一四七頁。
（13）前掲『恩給百年』第一五章「恩給行政の沿革」五一九頁。
（14）「本邦神社関係雑件／靖国神社関係　第一巻　一四．尼港事変殉職者ニ関スル件」外務省記録・本邦神社関係雑件／靖国神社関係 第一巻（外務省外交史料館）JACAR：B04012570600。
（15）「山東派遣部隊派遣間の死者等報告手続に関する件」陸軍省大日記・昭和三年 陸支普大日記 第五冊二／四（防衛省防衛研究所）JACAR：C07090555700。
（16）「靖国神社合祀霊璽名簿送付の件通牒」海軍省公文備考類・公文備考C儀制 巻一〇止（防衛省防衛研究所）JACAR：C04016575400。本文中の海軍機関特務少尉の合祀は、『靖国神社忠魂史』第五巻で確認した。

2　満洲事変期

（1）「戦死者等靖国神社へ合祀の件」陸軍省大日記・陸満機密・密・普大日記・昭和六年満洲事変に関する綴（防衛省防衛研究所）JACAR：C01002653600。
（2）「戦死者等靖国神社合祀未済の者取調の件」陸軍省大日記・陸満機密・密・普大日記・昭和六年満洲事変に関する綴（防衛省防衛研究所）JACAR：C01002662000。
（3）「官房第四三八八号八．一一．二四　靖国神社への合祀未済の者取調の件」海軍省公文備考類・公文備考昭和八年C儀制 巻一九（防衛省防衛研究所）JACAR：C05022682900。
（4）「（三二）合祀者資格審査上ノ参考事項」国立国会図書館調査及び立法考査局編『新編靖国神社問題資料集』（国立国会図書館、二〇〇七年）二八頁。
（5）「戦死者等靖国神社合祀未済の者取調の件」陸軍省大日記・陸満機密・密・普大日記・昭和六年満洲事変に関す

る綴（防衛省防衛研究所）JACAR：C01002674000。
（6）「分割1」中の「昭和四　一〇八一〇　暗　寿府十七日後発　條二　本省七月十八日前着　幣原外務大臣　会議委員　第九号ノ一」「寿府　本省　七月十八日前着　幣原外務大臣　会議委員　第九号ノ一」万国赤十字会議一件、赤十字条約改正並俘虜法典編纂ニ関スル寿府会議関係　第二巻（外務省外交史料館）JACAR：B04122504900。
（7）前掲「分割1」中の「昭和四　一一〇四九　暗　寿府廿日後発　條二　本省七月廿一日前着　幣原外務大臣　会議委員　第一一号」「寿府　本省　七月廿日後発　本省七月二十二日前着　幣原外務大臣　会議委員　第一三号ノ一」「分割1」万国赤十字会議一件、赤十字条約改正並俘虜法典編纂ニ関スル寿府会議関係　第四巻（外務省外交史料館）JACAR・B04122506100。これらの資料からすると、ジュネーブ会議での各国の姿勢に不満を抱いていた日本全権代表（特に陸海軍代表）の意見に、幣原外務大臣も同調していたことがわかる。
（8）梅渓昇「日本と戦時国際条規」（『政治経済史学』三四三号、一九九五年一月）。梅溪の論文はジュネーブ条約批准問題に関する一九三四年八月以降の資料を用いたもので、一九二九年からの経過を扱ったものではない。このジュネーブ条約と日本の対応は、それ自身が本格的な外交史研究の一テーマをなし、本書での追究は合祀基準との関係で触れるにとどめた。
（9）「官房機密第一九八四号ノ三　昭和九年十一月十五日　海軍次官　外務次官殿「俘虜ノ待遇ニ関スル一九二七年七月二十七日ノ条約」御批准方奏請ニ関スル件回答」の別紙意見書「俘虜条約ニ対スル意見」万国赤十字会議一件／赤十字条約改正並俘虜法典編纂ニ関スル寿府会議（一九二九年）関係／条約批准加入関係（外務省外交史料館）JACAR：B04122508600。
（10）前掲『捕虜たちの日露戦争』一五〇頁。
（11）前掲『靖国神社忠魂史』第五巻下「女性祭神殉難誌」三二一頁。
（12）『国策映画靖国神社の女神』（名古屋市・小林キネマ商会、一九三六年）。この上映会パンフレットは、宜野座菜央見氏の発掘による。

(13)「本邦神社関係雑件／靖国神社関係 第一巻 二．本省員合祀ニ関スル件 分割一」外務省記録・本邦神社関係雑件・靖国神社関係 第一巻（外務省外交史料館）JACAR：B04012569300。

(14) 前掲『靖国神社百年史 資料篇上』「第三祭神一」「第四八回合祀」。

(15)「本邦神社関係雑件／靖国神社関係 第一巻 一一．殉職警察官吏靖国神社合祀関係」外務省記録・本邦神社関係雑件・靖国神社関係 第一巻（外務省外交史料館）JACAR：B04012570300。

(16)「（一五〇）要旨（昭和一二年末）」附記、前掲『新編靖国神社問題資料集』一三九頁。

(17)「満洲に於ける死歿者臨時特別賜金賜与に関する件」昭和一〇年「満受大日記（普）其九 一／二」（防衛省防衛研究所）JACAR：C04012205900。

第4章 日中全面戦争から敗戦まで——総動員体制

1 遺族援護と顕忠府建設

(1)『陸軍恩給解説』（帝国在郷軍人会本部、一九四〇年）一二五—一二七頁。

(2) 前掲『恩給百年』「資料篇」一六一—一六四頁「昭和十七年恩給法中改正法律」。

(3)「一．特別賜金に関するもの／大東亜戦役に係る死歿者特別賜金賜与規定」陸軍史料一般・復員史編纂資料賜金（案）（防衛省防衛研究所）JACAR：C13070896400、「大東亜戦役に因る死歿者特別賜金に関する件」陸軍省大日記・昭和一七年「陸亜密大日記 第一〇号三／三」（防衛省防衛研究所）JACAR：C01000162500。

(4) 拙稿「戦時災害保護法小論」（『立命館法学』一九九二年五—六号）。

(5)「（四一）靖国神社合祀者ノ銓衡及合祀者名簿進達ニ関スル件注意事項ノ件陸軍一般ヘ通牒」（前掲『新編靖国神社問題資料集』三二一—三二三頁）。

（6）「靖国神社臨時大祭ニ際シ全国民黙禱ノ時間設定ニ関スル件内閣情報部長通牒並正副議長顧問官へ通知」枢密院文書・宮内省往復・稟議・雑書・昭和一四年（国立公文書館）JACAR：A06050809700。

（7）「満州事変及上海事変ヲ始メ昭和ノ御代ノ事変若ハ戦役ニ於ケル皇軍将士等殉国ノ誠ヲ後世ニ伝ヘル為メ建設セラレル新御府ニ収蔵セラルヘキ資料収集方依頼ノ件」内閣・公文雑纂・昭和一〇年（国立公文書館）JACAR：A04018379300。こういった企画の最初は、一九二五（大正一四）年から、第一次世界大戦とシベリア出兵で戦死・戦病死して靖国神社に合祀された、准士官以上の軍人などの写真の献納を、摂政宮からであろう「御沙汰」に基づいて各部隊に求めてきたことに始まる（「戦病死准士官以上の写真献納に関する件一般に通牒」陸軍省大日記・陸密・陸普自大正一四年一月至昭和二年一二月〈防衛省防衛研究所〉JACAR：C02030603300）。しかしこの時の計画は、中途で挫折したように思われる。

（8）「一〇、一一、一二御府献納品銓衡委員会開催の件」海軍省公文備考類・公文備考 昭和一〇年C 儀制 巻5（防衛省防衛研究所）JACAR・C05034068100。

（9）「官房振天府其他拝観に関する件」陸軍省大日記・昭和一二年「陸普綴 記室」（防衛省防衛研究所）JACAR：C01005040700。

（10）「陸支普第一四〇号 昭和一四年一月一七日 御府献納写真に関する件」陸軍省大日記・陸軍省雑・昭和一四年一月起支那事変に関する条規（2）陸軍大臣官房（防衛省防衛研究所）JACAR：C10073337100。

（11）「陸支普第二二三三号 昭和一四年八月二四日 御府献納品準備の件」陸軍省大日記・昭和一四年一月起 支那事変に関する条規（2）陸軍大臣官房（防衛省防衛研究所）JACAR：C10073345100。

（12）「御府献納写真に関する件」陸軍省大日記・昭和一七年「陸亜普」（防衛省防衛研究所）JACAR：C04017020900、「御府献納写真に関する件」陸軍省大日記・昭和一七年「来翰綴（陸支普）第一陸軍技術研究所」（防衛省防衛研究所）JACAR：C01005590600。

（13）「陸亜普第一六九号　昭和二〇年二月一五日　御府献納写真ニ関スル件陸軍一般ヘノ通牒」陸軍一般史料・中央・軍事行政・法令（防衛省防衛研究所）JACAR：C12120551800。

（14）「四〇．陸普第二一九三号昭和二〇年一一月九日　御府献納写真蒐集中止に関する件通牒」陸軍省一般資料・陸普綴昭和二〇年（防衛省防衛研究所）JACAR：C12120625600。

2　合祀審査の厳格化

（1）「（四一）靖国神社合祀者ノ銓衡及合祀者名簿進達ニ関スル注意事項ノ件陸軍一般へ通牒」前掲『新編靖国神社問題資料集』三二一—三二二頁。

（2）「陸亜普第一九五号　戦地若ハ事変地ニ於ケル傷病等差ノ取扱並事実證明書ノ調製ニ関スル件陸軍一般へ通牒」（昭和十七年四月二日）『陸亜普綴　自昭和十七年一月至昭和二十年三月』（厚生労働省文書）。

（3）「事実證明書」（昭和十九年三月六日付）『復命書綴　№２（援護事業のため）』（昭二三—五四三）京都府立総合資料館。

（4）「総軍、方面軍（軍管区）参謀副長、高級参謀等会同時ニ於ケル人事局長口演（昭二〇．七．二五）」復員局庶務課編『終戦前後に於ける旧陸軍人事関係諸法規集』（昭二七—四九一）、京都府立総合資料館。

（5）佐世保地方復員部『公務死亡関係綴　自二十年三月一日至二十年四月三十日』（国立公文書館）。このうち自殺者は、「戦病死トシテ処理ス、特進セス」との事実を偽った処理が行なわれている（大島防備隊指令「危篤者特殊進級ノ件具申」昭和二〇年五月一五日）。

（6）「（六九）昭和二十年春靖国神社合祀者資格調査委員会説明要旨」前掲『新編靖国神社問題資料集』六五—六六頁。陸軍省副官または高級副官が、一九〇三（明治三六）年以降、靖国神社への合祀判定の責を担うことになっていた（前掲『靖国神社百年史　資料篇下』「第十五靖国神社の維持管理」）。

（7）「（四三）昭和十六年四月　靖国神社合祀者資格審査方針（昭和一六年一月）」前掲『新編靖国神社問題資料集』同前三四頁。
（8）前掲注（6）「（六九）昭和二十年春靖国神社合祀者資格調査委員会説明要旨」同前六六頁。
（9）「（三二）合祀者資格審査上ノ参考事項」同前二八頁。
（10）「（三九）昭和十五年四月　靖国神社合祀者資格審査委員会決定」同前三一―三二頁。
（11）「（四八）支那事変、大東亜戦争ニ関シ死歿シタル台湾本島人タル軍属ヲ靖国神社へ合祀ニ関スル件」同前三九頁。
（12）「台湾人軍夫の身分取扱に関する件」（防衛省防衛研究所）JACAR：C01005306500。
（13）「（六六）靖国神社合祀資格内規案（昭和一九年七月）」前掲『新編靖国神社問題資料集』五五頁。
（14）「（四九）軍事秘密　満洲事変支那事変　合祀者資格審査上留意セシ事項」二四、同前四〇頁。
（15）「（七八）靖国神社合祀資格審査内規」同前七三頁。
（16）第一六回国会・衆議院厚生委員会会議録（一九五三年七月七日）田辺繁雄恩給局長答弁など。
（17）前掲注（6）「（六九）昭和二十年春靖国神社合祀者資格調査委員会説明要旨」中の「五、審査内規及留意事項」。
（18）「（五二）附表第一　上申名簿ノ様式及細部ノ記載要領」同前四四頁。
（19）「（三二）合祀資格審査上ノ参考事項（昭和十三年七月一日）」同前二八頁。
（20）「（四三）昭和十六年四月　靖国神社合祀者資格審査方針（昭和一六年一月）」中の「軍事秘密　靖国神社合祀資格審査上ノ参考」同前三七頁。
（21）「死歿者報告指導方の件」陸軍省大日記・大日記甲輯昭和一三年（防衛省防衛研究所）JACAR：C01001579900。
（22）「（三八）生死不明者取扱ニ関スル件陸軍一般へ通牒」前掲『新編靖国神社問題資料集』三一頁。
（23）「（四七）生死不明者ノ取扱ニ関シ左ノ通定ム」同前三八頁。
（24）「戦時死亡者生死不明者報告方に関する件」陸軍省大日記・陸支密大日記・昭和一五年　第三一号一／三（防衛

省防衛研究所）JACAR：C04122413700。
(25)「生死不明者を戦死者と報告せし経緯に関する件」昭和一五年「陸支普大日記第四号」（防衛省防衛研究所）JACAR：C07091795900。
(26)「今次事変に於ける捕虜帰還者の取扱方に関する件」昭和一五年「陸満密大日記　第二冊」（防衛省防衛研究所）JACAR：C01003544100。秦郁彦『決定版日本人捕虜（上）』（中央公論新社、二〇一四年）一二六頁。
(27)「戦死誤認者処理の件」昭和一五年「陸満密大日記　第九冊」（防衛省防衛研究所）JACAR：C01003589000。
(28)「大東亜戦争に於ける捕虜帰還者の取扱方に関する件」昭和一七年「陸亜密大日記　第三四号二／三」（防衛省防衛研究所）JACAR：C01000542000。
(29)「陸亜密第六九九〇号　皇軍将兵ノ本領発揮ニ関スル件陸軍一般へ通牒」（昭和十八年十月二十四日）『陸亜密綴自昭和十七年一月至昭和二十年三月』（厚生労働省文書）。
(30)「（七八）靖国神社合祀資格審査内規」前掲『新編靖国神社問題資料集』七三頁。
(31)「（六八）靖国神社合祀者ノ調査銓衡及上申名簿ノ進達上ノ注意」第一の六、六二頁。
(32)「（六七）（合祀資格審査内規別表）資格審査上留意スヘキ事項」同前五八頁。
(33)「（四〇）昭和十五年十月　靖国神社合祀者資格審査方針」同前三二頁。
(34)「（五一）靖国神社合祀者調査及上申内則」中の第六条二—1—イ、同前四二頁。
(35)「（四九）軍事秘密　満州事変支那事変　合祀者資格審査上留意セシ事項」同前三九頁。
(36)「（六七）（合祀資格審査内規別表）資格審査上留意スヘキ事項」同前五七頁。
(37)「（五六）附表第二表第三号　病歴諸様式」同前四七頁。
(38)「戦死者等靖国神社合祀未済の者取調の件」陸軍省大日記・陸支機密・密・普大日記・昭和一二〜昭和一三年（防衛省防衛研究所）JACAR：C01005558300。なおこれらの書類は、特別賜金の請求時にも求められるものであった。

(39)「(五三) 附表第二　附属書類一覧表」前掲『新編靖国神社問題資料集』四五頁。

(40)「(六二) 附表第二属表第九号　在郷間死歿者状況調書様式」同前五〇頁。

(41)「(六八) 靖国神社合祀者ノ調査銓衡及上申名簿ノ調整進達上ノ注意」中の七―ロ「在郷間ノ一般起居容儀ノ究明」同前六三頁。

(42) 前掲注(6)「(六九) 昭和二十年春靖国神社合祀者資格調査委員会説明要旨」。

(43)「(七七) 昭和二〇年七月靖国神社合祀者資格審査内規案」同前七一頁、「(一一九) 元陸軍大臣官房祭典掛ノ業務」同前一一九頁。

(44)「(二八) 戦時又ハ事変ニ際シ軍人、軍属ニ非スシテ軍事行動ニ参加シ為ニ死歿シタル者ノ身分取扱に関スル件陸軍一般へ通牒」同前二七頁

(45)「第八五回帝国議会衆議院予算委員会議録」第四回、昭和一九年九月一〇日。

(46)「申合　南洋群島ノ住民ノ取扱ニ関スル件」(昭和十九年九月三十日)『法三十四条五、六項　発来翰綴』(昭三二―四三五) 京都府立総合資料館。

(47)「第八六回帝国議会貴族院予算委員会」第六号、昭和二〇年二月四日、五頁。

おわりに

(1) 賀茂百樹「本書刊行に際して」(前掲『靖国神社忠魂史』第一巻)。

II　第二次世界大戦後の戦没者の合祀

はじめに

（1）拙著『靖国神社』（岩波書店、二〇〇五年）四〇―四九頁。
（2）同前六七―九〇頁。

第1章　敗戦直後の合祀問題

（1）前掲拙著『靖国神社』三一―三六頁。なお陸軍省の提案日付、宮内省の回答日付は次掲注（2）の資料による。
（2）無題のタイプ印刷のメモで、草稿と完成版の各一通がある。陸軍省副官石橋少佐『昭和二十年十一月三十日　終戦後靖国神社齋祠等ノ件』（厚生労働省文書）。この綴は、佐治暁人氏の発掘による。鎮霊社については、筆者が『靖国神社』で紹介した時点では、周囲に柵を立てて人を寄せ付けず神社からまったく継子扱いされていたが、その後逆転して神社側の弁明のための道具として使われるようになった。しかしそうした鎮霊社の存在は、靖国神社の中や周辺に異なる「慰霊」の考え方があり、そこから生じたことを示すものであるという筆者の理解は、いまだに変わらない。
（3）『靖国神社百年史　資料篇上』（靖国神社、一九八三年）三二五頁、「第四祭神二（一）合祀年月日別」。
（4）「（一三六）議会答弁資料（昭和二一年九月七日）」（第一復員局業務部）前掲『新編靖国神社問題資料集』一三一―一三三頁。
（5）「（一三二）別紙第一　靖国神社未合祀者申告票（昭和二一年六月二八日）」同前一二九頁。
（6）「（一五〇）要旨（昭和二二年末）」同前一三八―一三九頁。
（7）「一復第二八六号　死歿者ノ留守業務処理ニ関スル件」（昭和二一年一月二一日、第一復員次官上月良夫）『昭和二十年一月起　永久発来翰綴』（昭二一―二四六）京都府立総合資料館。
（8）留守業務部「留守業務部連絡事項」（昭和二一年二月二八日）同前。
（9）「（一三一）靖国神社合祀業務及祭粢料に就て」前掲『新編靖国神社問題資料集』一二八頁。

（10）「（一一二九）別紙第一　合祀保留の主なる理由」同前一一二六頁。
（11）「（一一二八）靖国神社合祀者の調査に関する連絡」同前一一二六頁。
（12）「（一一三〇）別紙第二　靖国神社未合祀者の調査及申告上の注意事項」同前一一二七—一一二八頁。
（13）第四十四警備隊司令「戦歿者ノ件報告」（昭和二〇年三月二一日〜五月七日）佐世保地方復員部『自昭和二〇年三月一日至昭和二〇年四月三十日公務死亡関係綴』（国立公文書館）。
（14）法務官有村秀夫「メレヨン島上官殺竝殺人事件報告」佐世保地方復員部『昭和二〇年三、四、五以降　非公務死没者関係』（国立公文書館）。藤原彰『飢死した英霊たち』（青木書店、二〇〇一年）では海軍司令官の文書を引用して、「全部栄養失調症ヨリ来レル衝心脚気ニヨル餓死ナリ」と死因を挙げているが、「栄養失調症」による餓死は「衝心脚気」とは限らず、報告は死因を偽る面があったと思われる。
（15）「経緯　六十四警備隊（ウオッゼ島）ニ於ケル事故ニ関スル経緯」『横須賀　昭和二一年公務非公務死関係綴（横死没第六七三号）』（国立公文書館、つくば書庫八）。
（16）「（一一三七）死歿者究明について　一局、二局申合事項（昭和二一年九月一五日）」（前掲『新編靖国神社問題資料集』一一三三頁）。
（17）前掲注（6）に同じ。なお本資料中「第二　終戦後の状況」「五、一括合祀者の人名調査中止」の冒頭の「昭和二十二年九月中旬」とあるのは、前後関係から「昭和二十一年九月中旬」の誤記であると思う。
（18）「（一一四二）別紙　死歿者連名簿（昭和二一年九月以降）」同前一一三五頁。
（19）「（一一四四）死歿者調査作業の標準（昭和二一年一一月二〇）」同前一一三六頁。
（20）「（一一六三）祭神調査事務引継の件（昭和二三年一一月）」同前一一四九—一一五〇頁。
（21）「（一一七八）祭神合祀詮議標準追加の件（昭和二八年九月二一日）」同前一一九二頁。
（22）前掲注（14）佐世保地方復員部『自昭和二〇年三、四、五以降　非公務死没者関係』。

第2章　講和独立後の大量合祀

1　合祀事務協力の開始

(1) 「(参考) 靖国神社合祀事務協力要綱及びこれに基づく三十一年度都道府県事務要領についての説明」(『新編靖国神社問題資料集』二〇二―二〇三頁)。

(2) 「靖国神社合祀促進に関する検討 (昭三〇・七・一)」『靖国神社合祀事務協力関係書類』(厚生労働省文書)。本綴は佐治暁人氏の発掘によるものである。

(3) 「戦没者の靖国神社合祀問題について (一一・三〇)」同前所収。

(4) 「(一八六) 旧陸軍関係　靖国神社合祀事務協力要綱 (案) についての説明 (昭和三一年一月三〇日)」前掲『新編靖国神社問題資料集』一九七頁)。

(5) 「(一八四) 旧陸軍関係　靖国神社合祀事務協力要綱 (案) ([昭和三一年] 一月二五日)」同前一九五頁。

(6) 「靖国神社合祀事務のための戦没者調査票の整備について」(昭和三一年七月一一日) 前掲『靖国神社合祀事務協力関係書類』所収。

(7) 「(一九四) 昭和三一年度における旧陸軍関係靖国神社合祀事務に協力するための都道府県事務要領 (昭和三一年四月一九日)」(前掲『新編靖国神社問題資料集』二〇五―二〇七頁)。

(8) 前掲内海愛子『日本軍の捕虜政策』五九一―五九二頁、喜多義人「日本軍の国際法認識と捕虜の取扱い」(『日英交流史』第三巻「軍事」東京大学出版会、二〇〇一年)。

(9) 「(二一九) [合祀資格審査参考資料] 三　昭和三十一年十月合祀以降の資料について (昭和三二年一〇月二日)」、同前二二四頁。

(10) 前掲『靖国神社百年史　資料篇上』三二七頁、「第四祭神　二」第八〇回合祀〜第八二回合祀。

(11)「厚生省引揚援護局復員課長発復員連絡局、同支部長、都道府県主務課長宛「旧陸軍関係昭和三十二年靖国神社合祀事務の細部について」『昭和三十一年以降昭和三十五年　靖国神社関係綴』(沖縄県公文書館、引渡文書)。

(12)「(二〇八)昭和三十二年秋季合祀予定者の追加等の事務の細部について(昭和三二年四月二六日)」前掲『新編靖国神社問題資料集』二一七頁。

(13)「(二一四)昭和三十二年秋季合祀予定者の数について(昭和三二年六月六日)」同前二二一頁。

(14)「(二一一)合祀事務に関する厚生省引揚援護局関係者との第一回連絡会議録(昭和三二年六月四日)」同前二一八—二一九頁。

(15)前掲『靖国神社百年史　資料篇上』三二七頁、「第四祭神　二」第八〇回合祀〜第八五回合祀。

(16)秦郁彦前掲書一四六頁。

(17)「(一八一)旧陸軍関係靖国神社合祀について(案)(昭和二九年三月一五日)」前掲『新編靖国神社問題資料集』一九三頁。

(18)「(二一二)別紙　靖国神社合祀に関する資料並びに基準の概要(昭和三二年六月四日)」同前二一九頁。

(19)「(二一七)[合祀資格審査参考資料]一　従前ノ合祀者ノ資格審査経緯(昭和三二年一〇月二日靖国神社調査部)」同前二二二—二二三頁。

(20)「(二八一)別冊靖国神社合祀予定者選考基準(昭和三七年三月)」同前二八二〇—二八三頁。

(21)戦後初期に、責任自殺者についての照会を受けた第二復員局人事部では、その特別進級を否とする判断を示していた(佐世保地方復員部『昭和二〇、三、四、五以降　非公務死歿者関係』(国立公文書館)、海軍上等兵曹大崎末実関係書類)。

(22)この点で秦郁彦が、額田担《ひろし》『世紀の自決』(芙蓉書房、一九六八年)を引用して、「従来、自決者の公務死扱いは至難のこととされていた」としているが、合祀に関しては「公務死」裁定とは別の判断があった。

(23) 厚生省援護局援護課監修『戦傷病者戦没者遺族等援護法の解説』(新日本法規、一九八八年) 四三―四四頁。

2　合祀基準の変容

(1)「(二一一)合祀事務に関する厚生省引揚援護局関係者との第一回連絡会議録(昭和三一年六月四日)」前掲『新編靖国神社問題資料集』二一八―二一九頁。
(2)「(二一二) 別紙靖国神社合祀に関する資料並に基準の概要」同前二一九頁。
(3)「(二三九) 別紙　昭和三十三年秋季靖国神社合祀基準及び選考数(昭和三三年四月)」同前二三九頁。
(4)「(二八一) 別冊　靖国神社合祀予定者選考基準(昭和三七年三月)」同前二八〇―二八三頁。
(5) 前掲『戦傷病者戦没者遺族等援護法の解説』一三八頁。
(6) 拙稿「一九五〇年代の軍人恩給問題(2・完)」(『立命館法学』三四一号、二〇一二年) 五一一―五一四頁。
(7) 前掲『戦傷病者戦没者遺族等援護法の解説』参考資料一四頁。
(8)「(二三九) 別紙昭和三三年秋季靖国神社合祀基準及び選考数(昭和三三年四月)」前掲『新編靖国神社問題資料集』二三九頁。
(9) 前掲「一九五〇年代の軍人恩給問題(2・完)」五一九―五二三頁。
(10)「(二二二)[合祀資格審査参考資料] 六　今後詮議を要するもの(昭和三二年一〇月二日)」前掲『新編靖国神社問題資料集』二二五頁。
(11)「(二六三) 旧陸軍関係昭和三十四年秋季靖国神社合祀事務について(昭和三四年六月三〇日)」同前二六四頁。
(12)「(二八一) 別冊　靖国神社合祀予定者選考基準(昭和三七年三月)」同前二八〇―二八三頁。
(13)「(二九〇) 昭和四〇年度以後の旧陸軍関係戦没者の靖国神社合祀事務の協力要領について(昭和三九年一二月二二日)」同前二八九頁。

(14)「(二九一) 別紙 昭和四〇年度以後の旧陸軍関係戦没者の靖国神社合祀事務の協力要綱(案)(昭和三九年一二月)」同前二八九―二九〇頁。

(15)「回議書 昭和四〇年度以後の旧陸軍関係戦没者の靖国神社合祀事務の協力要領についての意見ならびに質疑の提出について」援護課『昭和四〇年度~四三年度 靖国神社合祀 関係書類綴』(京都府立総合資料館)。

(16)「(三〇〇)旧陸軍関係戦没者の昭和四一年度靖国神社合祀事務について(連絡)(昭和四一年一月二四日)前掲『新編靖国神社問題資料集』三〇一頁。

(17)「回議書 戦没者の祭神名票の取り下げについて」前掲援護課『昭和四〇年度―四三年度 靖国神社合祀 関係書類綴』。

(18)「戦没者身分等調査(靖国神社合祀)について厚生省援護局に電話で照会した状況」(昭和四七年四月二四日)」援護課『昭和四七年起 靖国神社合祀関係綴』(京都府立総合資料館)。

(19)「(三一六)[靖国神社合祀協力に関する通知の廃止と戦没者の身分等の調査」(昭和四五年一一月四日)」前掲『新編靖国神社問題資料集』三一一―三一三頁、「(三一一)旧陸軍関係戦没者の身分等調査の実施について(通知)」(昭和四六年二月一〇日)同前三一六―三一七頁。

(20)前掲『戦傷病者戦没者遺族等援護法の解説』八四―八五頁。

(21)「「敵前逃亡」の汚名を救済 再審査決まる」『朝日新聞』一九六九年七月二六日。

(22)前掲『戦傷病者戦没者遺族等援護法の解説』参考資料一七―一八頁。この文面の尋常でないわかり難さは、この改正に強い抵抗があったことを推測させる。

(23)第六三国会閉会後・参議院社会労働委員会会議録第三号、三三頁。

(24)「(三三〇)旧陸軍関係戦没者身分等調査の実施について(通知)(昭和四七年二月二八日)」前掲『新編靖国神社問題資料篇』三三一―三三三頁。

(25)「朝鮮人公報発行数調査」『沖縄への連絡事項綴』(沖縄県公文書館、引渡文書)。
(26)国立国会図書館調査立法考査局『靖国神社問題資料集』(一九七六年)序章「四、合祀対象」末尾。
(27)前掲注(1)に同じ。
(28)前掲注(10)に同じ。
(29)「(二三二)合祀基準に関する打合会(第四回)(昭和三三年四月九日)」同前二三二―二三三頁。
(30)「韓国人の靖国神社合祀状況表」(昭三六・一〇・二〇)、『靖国神社合祀事務協力要領関係書類』(厚生労働省文書)。本資料は佐治暁人氏の発掘にかかるものである。
(31)「(四八)支那事変、大東亜戦争ニ関シ死歿シタル台湾本島人タル軍属ヲ靖国神社へ合祀ニ関スル件」前掲『新編靖国神社問題資料集』三九頁。
(32)「(三〇一)靖国神社未合祀の戦争裁判関係死没者に関する祭神名簿の送付について(昭和四一年二月八日)」同前三〇二頁。
(33)「台湾人もと軍人軍属死亡整理名票送付証」(昭和三五年二月一八日)、「台湾人関係戦没者祭神名票部隊別内訳表」(昭和三五年六月一四日)、前掲『靖国神社合祀事務協力要領関係書類』。
(34)林えいだい『台湾の大和魂』(東方出版、二〇〇〇年)一一六頁。
(35)「台湾人軍夫の身分取扱に関する件」昭和一八年「来翰綴(陸普)第一陸軍技術研究所」(防衛省防衛研究所)JACAR: C01005306500。傭人の一つ上の身分である雇員の場合だと、官吏である判任文官と同等の仕事をこなしている例もあり、判任文官に昇進する可能性があったが、単純労働を職務とした傭人の場合には、戦死した時くらいしか雇員への昇進は難しかったと思われる。この点で石井滋「雇員・傭人制度研究についての一考察」(『社学研論集』二三巻、二〇一四年)の研究が参考になる。
(36)李熙子・竹見智恵子『アボジが帰るその日まで』(梨の木舎、二〇〇九年)によると、合祀者については、日本政府から韓国政府に渡された『留守名簿』中に「合祀済」との印が押されている。
(37) 前掲『戦傷病者戦没者遺族等援護法の解説』四五頁。
(38)「戦争受刑者世話会より各都道府県世話課、各都道府県世話会御中」(昭和二九年六月)『戦争裁判参考資料 法務関係発来翰綴その二』(国立公文書館)、『水交会・永野元帥関係・昭和三二年七月』(国立公文書館)。
(39)「靖国神社祭神措置に関する件回答」世話会豊田『戦争受刑者諸対策』(国立公文書館)。
(40)「(二六二)平和条約第十一条関係死没者の靖国神社合祀について(内連絡)」(昭和三四年四月四日)前掲『新編靖国神社問題資料集』二六二―二六三頁。

3 民間人の合祀問題

(1) 前掲『戦傷病者戦没者遺族等援護法の解説』参考資料三四頁。
(2) 前掲拙稿「戦時災害保護法小論」。
(3)「(一六五)[靖国神社荒木田主典宛復員業務課長井上義弘書簡写]」(昭和二六年二月二八日)」前掲『新編靖国神社問題資料集』一五一頁。
(4) 遺族等援護法や恩給法の見直しの結着をつけるために設置された臨時恩給等調査会(一九五七年)での議論の大勢は、準軍属の範囲の拡大に消極的であった。準軍属の範囲拡大で民間人戦災者全体の救済を実現しようと主張したのは、社会党の受田新吉委員のみであった(前掲「一九五〇年代の軍人恩給問題(2・完)」五三三頁)。
(5) 前掲『戦傷病者戦没者遺族等援護法の解説』「参考資料 第二表 戦傷病者戦没者遺族等援護法等の改正経過概見表」参考資料五四―五七頁。
(6) 拙稿「名古屋空襲訴訟―民間人戦災者の補償問題―」(『被爆者問題研究』第二号、一九九一年七月)。
(7)「(二三〇)昭和三十三年度秋季靖国神社合祀基準(案)(昭和三三年四月八日)」前掲『新編靖国神社問題資料

集』二三二頁。

(8)「別紙一　工場事業所その他の施設に関する調」「別紙二　旧国家総動員法により徴用された者で業務上かつ戦時災害により負傷又は疾病にかかりこれにより死亡した者の名簿」『法三四条二項関係綴　発来翰綴』（京都府立総合資料館、援護関係資料）。

(9)「（二六三）旧陸軍関係昭和三十四年秋季靖国神社合祀事務について（昭和三四年六月三〇日）」「（二六四）旧陸軍関係昭和三十四年秋季靖国神社合祀事務等の細部について（昭和三四年六月三〇日）」前掲『新編靖国神社問題資料集』二六四―二六五頁。

(10)「援護法第三十四条第二項（戦斗参加）該当者の業務処理要領」『法三十四条五、六項関係綴　発来翰綴』（京都府立総合資料館、援護課資料）。

(11) 留守業務部長「援護第二六〇号に示すもとの陸軍の要請にもとづいて戦斗に参加したものの判定に関する一般基準」同前所収。

(12)「満洲開発要員」を「戦斗参加者」とする件については、国立国会図書館調査立法考査局『靖国神社問題資料集』序章「四、合祀対象」を参照。開拓団の指導員などについては、「戦傷病者戦没者遺族等援護法第三十四条第五項に規定するもとの陸軍または海軍の要請に基づいて戦斗に参加した者に係る質疑回答について（通達）」（昭和三二年八月三〇日）同前所収。

(13)「援護法第三十四条第二項（戦斗参加）該当者関連の質疑答解送付について」（昭和二八年七月二二日）。この京都府世話課からの質疑への答解は、もともと六月一六日付の兵庫などからの質疑への答解に対し、再度京都から問い合わせに答えたものであった。同前所収。

(14)「（三一一）合祀事務に関する検討（資料）（昭和四五年二月一〇日）」前掲『新編靖国神社問題資料集』三一五頁。

(15) 厚生省援護局『引揚げと援護三十年の歩み』（ぎょうせい、一九七八年）。

(16)「(二九八)合祀事務に関する打合会記録(昭和四〇年一二月九日)」(前掲『新編靖国神社問題資料集』二九八頁)。
(17)「(三〇六)合祀に関する検討資料(昭和四二年五月九日)」同前三〇四〜三〇六頁。
(18)前掲「戦傷病者戦没者遺族等援護法第三十四条第五項に規定するもとの陸軍または海軍の要請に基づいて戦斗に参加した者に係る質疑回答について(通達)」(昭和三二年八月三〇日)。
(19)敗戦後の一九四五年一二月にベトナムで日本の海軍上曹が海軍現地部隊から逃亡し、「安南人越盟党」の抗仏独立戦争に参加したが、フランス軍の大規模掃討作戦で逮捕され、「バンゴイ」の「鉄道桟橋」にて一九四六年三月に「銃殺」となっている。この上曹についても、現地部隊の上申書は本人がベトナム人の「巧妙なる誘惑手段に刺激せられ思慮分別を欠き」こうした結果に陥ったのだとして、「非公務死」としていた。「死歿者名簿(下士官兵ノ部)」。佐世保地方復員部『非公務死没者関係昭和二〇年三・四・五以降』(国立公文書館)。なお秦郁彦によれば、ベトミン軍に参加しフランス軍と戦って戦死した井川省少佐は一九五六年に合祀されたというが(秦前掲『靖国神社の祭神たち』二二三頁)、いかなる理由に基づくものであろうか。
(20)「(二六五)昭和三十年秋季靖国神社合祀基準の追加について(昭和三四年七月一一日)」前掲『新編靖国神社問題資料集』二八六頁。
(21)「(二六六)昭和三十四年秋季靖国神社合祀基準の追加の細部について(昭和三四年七月一一日)」同前二八六—二八七頁。ここでは「旧国家総動員法に基づいて旧陸軍の管理監督に係わる工場、事業所等に徴用され、又は協力させられたもの」との公務死亡者の限定が付いている。
(22)「(二八一)別冊　靖国神社合祀予定者選考基準(昭和三七年三月)」同前二八〇—二八三頁。
(23)「戦傷病者戦没者遺族等援護法第三十四条第二項の規定に該当する者のうち広島市に投下された原子爆弾により負傷し又は疾病にかかりこれにより死亡した者に係る弔慰金の請求手続等について」前掲『法三十四条五、六項関係綴　発来翰綴』。

（24）広島市『被爆五〇周年　広島市原爆被爆者援護行政史』六八頁。犠牲者数は宇吹暁『ヒロシマ戦後史』（岩波書店、二〇一四年、八二頁）が紹介した『中国新聞』記事の数字。

（25）第一三回国会・衆議院厚生委員会公聴会議録第二号・昭和二七年三月二六日。任都栗司が公聴会で述べた国民義勇隊などの犠牲者数は合計二万一一〇二名で、宇吹の数字の約二倍となっているが、靖国神社に合祀された者の数は宇吹のそれに近く、宇吹の認定の方が正しいのではないだろうか。

（26）前掲注（23）に同じ。

（27）「（二二七）別紙一　合祀基準研究会記録（昭和三二年一一月六日）」「（二二八）別紙第二〔一復側実状説明要旨〕（昭和三二年一一月六日）」（前掲『新編靖国神社問題資料集』二二八―二二九頁）。

（28）「（二四五）別冊（一）　将来靖国神社に合祀すべきか否かを決定すべき者（昭和三三年六月二〇日）」同前二四四―二四五頁。

（29）「（二八一）別冊　靖国神社合祀予定者選考基準（昭和三七年三月）」同前二八〇―二八三頁。

（30）前掲『被爆五〇周年　広島市原爆被爆者援護行政史』七〇―七一頁。

（31）「（三一三）合祀事務に関する検討（資料）（昭和四五年六月二五日）」（前掲『新編靖国神社問題資料集』三一九頁）。

（32）前掲『被爆五〇周年　広島市原爆被爆者援護行政史』三三六頁。ただし筆者は、森瀧の遺族等援護法批判がそのまま正しいとは考えていない。

（33）前掲注（24）『ヒロシマ戦後史』。

（34）「戦斗参加者についての申立書」（援護課『一九六〇年　戦斗参加者に関する書類』沖縄県公文書館）。

（35）石原昌家「米軍政下沖縄における「靖国神社合祀」問題（下）―「援護法」がもたらした「靖国神社合祀」―」（『沖縄国際大学社会文化研究』一二巻一号、二〇一〇年四月）。

（36） 沖縄県生活福祉部援護課『沖縄の援護のあゆみ』一九九六年、一二一―一二三頁。
（37）「戦斗参加者概況表」（昭和三二年五月、ガリ版刷り）特別援護係『「沖縄戦戦闘関連死没者等見舞金」について』（沖縄県公文書館、引渡文書）。このガリ版刷りではのちの活版刷りと異なり、もともとその項目の調製が琉球政府のものであったのか否かがわかるように書かれている。
（38） 前掲援護課『一九六〇年　戦斗参加者に関する書類』。なおこの表では「ケース区分」が一九五七年五月策定の「戦斗参加者概況表」と少し異なっている。具体的には、「伝令」「保護者と運命を共にした者」「射殺」の三項目が新しい項目といえる。
（39）「沖縄住民に対する遺族援護について」（三五．八．一〇）前掲特別援護係『「沖縄戦戦闘関連死没者等見舞金」について』。
（40）「戦斗協力により死亡したものの現認証明について」（昭和三四年一〇月一二日、厚生省引揚援護局未帰還調査部第四調査室長）を見ると、提出された「申立書」では「積極的戦闘協力」とは認められないとの「審査課」の意見が紹介され、さらに③、④、⑥などの「現認証明」があれば審査がパスするだろうとの見通しが書かれている。ここでは厚生省引揚援護局による事実上の書き換え指導が行なわれている。なお、満洲開拓団員に対してはこうした指導が行なわれることはなかった。前掲注（34）『一九六〇年　戦斗参加者に関する書類』。
（41） 琉球政府行政主席大田政作「戦斗協力者の該当保留と疎開途上の海没者援護について」前掲注（37）『「沖縄戦戦闘関連死没者等見舞金」について』。
（42） 前掲注（12）「戦傷病者戦没者遺族等援護法第三十四条第五項に規定するもとの陸軍または海軍の要請に基づいて戦斗に参加した者に係る質疑回答について（通達）」、および前掲注（37）「戦斗参加者概況表」。
（43） 一九六〇年一一月二八日、社会局長から駐日代表事務所長あて書簡、前掲注（34）『一九六〇年　戦斗参加者に関する書類』。

(44)「(三〇七) 合祀事務に関する打合事項につき(報告)(昭和四二年六月二二日)」前掲『新編靖国神社問題資料集』三〇七頁。
(45)「(閣議附議案) 沖縄戦戦斗関連死没者等見舞金の支給について」前掲注(37)『「沖縄戦戦闘関連死没者等見舞金」について』。
(46)「沖縄戦戦斗協力死没者等見舞金支給要綱(案)」援護課『一九六二年一〇月　戦斗参加死没者等見舞金に関する書類』(沖縄県公文書館)。
(47) 厚生省援護局調査課長より那覇日本政府南方連絡事務所事務官宛書簡(昭和三八年八月一三日)『沖縄への連絡事項綴』(沖縄県公文書館、引渡文書)。
(48)「沖縄戦における戦斗参加申立書の未提出者名簿について」(昭和三八年一月七日) 前掲注(47)『沖縄への連絡事項綴』。
(49)「総南宛(厚)第二八六号(昭三八・一二・一二)」前掲注(47)『沖縄への連絡事項綴』。
(50)「沖縄在籍もと陸軍関係死亡処理済者の援護法等裁定状況」(昭三八・八・三一)。なお厚生省調査課沖縄班「琉球政府援護課に対する業務連絡」(昭和三八年一〇月)では、準軍属への「遺族給与金の進達が予想外に少ないがその原因は受給権者がない場合が多いのか、戸籍整備の関係か、検討されたい」と記している。前掲注(47)『沖縄への連絡事項綴』。
(51) 那覇日本政府南方連絡事務所援護係長「沖縄戦々闘参加未申立者について」(昭和四一年八月一一日)。なお未申立者問題はこれで終わらず、さらに一九六八年五月までに、一〇〇名以上の未申立者が出たとのことである。前掲注(47)『沖縄への連絡事項綴』。
(52) 沖縄県遺族連合会会長金城和信・疎開船対馬丸遭難者遺族会会長新里清篤「疎開船対馬丸遭難死没者の処遇に関するお願書」(昭和四九年一二月)、援護課『対馬丸遭難事件資料』(沖縄県公文書館)。

（53）「（二九八）合祀事務に関する打合会記録（昭和四〇年一二月八日）」前掲『新編靖国神社問題資料集』二九八頁。

（54）前掲注（44）に同じ。

（55）「対馬丸遭難学童遺族に対する給付金（仮称）の支給について」、前掲注（52）『対馬丸遭難事件資料』。

（56）前掲注（36）『沖縄の援護のあゆみ』一四頁。

あとがき

靖国神社の祭神の大部分を占める戦没者の合祀基準について、これまで系統的に追究した研究はなかった。祭神について書かれた研究はあるが、合祀基準の変遷を意識的にたどったものではない。これを知りたいと考えたのが、本書を書こうと思った動機である。

一方で合祀の実態からすると、矛盾する事例は多いといえる。しかしそれは合祀基準といえるものの存在を否定することにはならない。とはいえ合祀基準に関連する資料は、『新編靖国神社問題資料集』を除いて十分にはなく、他方で『新編靖国神社問題資料集』の編纂においても、一定の価値判断がその基礎にあると思われる。その編纂方針を認識するためには、それとは別の資料の発掘が必要だが、近年各地の資料館や官公庁での遺族援護関係資料の情報公開が進み、本書もその恩恵にあずかることができた。ただし、ほとんど開示が進んでいない領域もある。

筆者は靖国神社への戦没者の合祀基準をめぐっては、戦前期も戦後期にも対立する立場が存在していたと考えている。その対立を媒介に合祀基準の変遷をたどるというのが、筆者の基本的なスタンスである。

もともと筆者は以前に、明治期の合祀基準についての研究を発表したのであるが、それが今回のように、対象とする期間が明治維新直後から約一〇〇年間に及ぶ実証研究にまで発展するとは思っていなかった。その際筆者がたまたま戦傷病者戦没者遺族等援護法や恩給法について調べ、戦没者の身分や死没区分について多少知っていたことが、今回の作業の手懸かりとなった。

本書の刊行に際し、多くの機関と個人のご援助をいただいた。アジア歴史資料センター、国立公文書館とつくば分館、防衛省防衛研究所、沖縄県公文書館、京都府立総合資料館、しょうけい館、國學院大学研究開発推進センター、國學院大学図書館、長崎県立図書館とそれら機関の職員の方々、および佐治暁人氏には、資料の閲覧と収集の点でお世話になった。それ以外にも日本現代思想史研究会、近代天皇制研究会で報告の際、ご意見をいただいた。

また吉川弘文館の編集担当の永田伸、板橋奈緒子氏には、いろいろとご迷惑をおかけした。以上の多くの方々に感謝したい。

二〇一五年六月四日

赤澤史朗

著者略歴
一九四八年　東京都に生まれる
一九八一年　早稲田大学大学院文学研究科史学専攻博士課程単位取得退学
一九九二年　立命館大学法学部教授
二〇一三年　退職
現在　立命館大学名誉教授

〔主要著書〕
『近代日本の思想動員と宗教統制』（校倉書房、一九八五年）
『文化とファシズム』（共編、昭和経済出版、一九九二年）
『靖国神社―せめぎあう〈戦没者追悼〉のゆくえ―』（岩波書店、二〇〇五年）
『戦後知識人と民衆観』（共編、影書房、二〇一四年）

戦没者合祀と靖国神社

二〇一五年（平成二十七）八月十日　第一刷発行

著　者　赤《あか》澤《ざわ》史《し》朗《ろう》

発行者　吉川道郎

発行所　株式会社　吉川弘文館
郵便番号一一三―〇〇三三
東京都文京区本郷七丁目二番八号
電話〇三―三八一三―九一五一〈代表〉
振替口座〇〇一〇〇―五―二四四番
http://www.yoshikawa-k.co.jp/
印刷＝株式会社　ディグ
製本＝誠製本株式会社
装幀＝清水良洋・李生美

ISBN978-4-642-08282-2

海外戦没者の戦後史 遺骨帰還と慰霊

浜井和史著　（歴史文化ライブラリー）四六判・二四〇頁／一八〇〇円

アジア太平洋戦争の海外戦没者約二四〇万人のうち、日本に戻った遺骨は約半数しかない。「空の遺骨箱」が届き戸惑う遺族に政府はどう向き合い、遺骨収容や現地慰霊を行ってきたのか。「終わらぬ戦後」の原点を見つめ直す。

戦死者霊魂のゆくえ 戦争と民俗

岩田重則著　四六判・二二〇頁／二四〇〇円

戦死者墓地に、最終供養として立てられた塔婆は何を意味するのか。国家による英霊祭祀とは異なる、生活する側からの戦死者供養を探る。また、祖霊信仰学説や戦時下の天狗信仰から、人々が求めた精神の拠りどころを描く。

慰霊・追悼・顕彰の近代

矢野敬一著　（日本歴史民俗叢書）A5判・二八六頁／七〇〇〇円

明治以降、戦死者は神として祀られた。個々人の死を慰霊・追悼・顕彰の対象とするシステムの形成やメディアのかかわり、郷土意識がナショナリズムに再編成される様相を検証。祭祀行為がはらむ多様な政治的力学を考える。

（価格は税別）